読みなおす日本史

苗字の歴史

豊田 武

吉川弘文館

はじめに

楠氏の史蹟をたずねて、吉川英治氏と河内の地方を歩いているうち、ふと話が日本人の苗字のことに及んだ。氏はいわれる、「日本人はみな家の歴史をしょって生きている。苗字についての感想をいくつか新聞に連載したら、その反響がものすごく、読者からさかんに投書が舞い込んだのには驚いた」

たしかに苗字に対するひとびとの関心は強い。それは各自がその苗字を通して、家の歴史を探ることができるからである。民衆の歴史に対する興味と研究の手がかりは、家の歴史を探求するところにはじまるといってよい。現に私の知人の中にも、そこから出発して、いまは立派な歴史家にまで進まれた方がある。

本書『苗字の歴史』は、拙著『武士団と村落』の副産物である。専門にこの苗字研究に打ち込んでおられる方々にくらべると、まだまだ不充分な点が多いし、これからやらねばならぬ問題が山ほどある。ここでは、これまで比較的わかっていなかった苗字の成立やその分布の歴史的な背景についてこれを明らかにし、あわせて日本の苗字がどのような変遷をたどって今日に及んだかを概観して行くことにした。

それにしても、本書をなすにあたって、今はなき太田亮氏をはじめ、苗字の専門家や郷土史家その他の方々の労作を参考とすることが多かった。また各方面から親切な助言をいただいた。こうした研究は、おたがいの協力によってはじめてその成果を収めることができよう。この意味でも、苗字の協同研究を通して、地方文化の解明のいっそう進展することを祈るしだいである。

なお「苗字」は「名字」とも書くし、中世ではいっぱんに「名字」が使われているが、普通には「苗字」の方が親しまれているので、書名を『苗字の歴史』とした。

豊　田　武

一九七一年八月

目 次

はじめに

一 苗字の起り……一九

苗字と名字 一九
姓氏の公称 二〇
字の発生 二三
名字地の形成 二三
名字の世襲 二五
名字族の出現——公家と武家 二六
西園寺 徳大寺 近衛 九条 三条 勘解由小路 山科 醍醐 勧修寺
吉田 葉室 中山 大庭 鎌倉 都甲 原田 三原 大蔵 松浦 湯浅
新居 隅田 武田 北条

二 名字のいろいろ……三二

官職名から 三二

税所　古仁所　大蔵　大倉　少弐　留守　所　進士

歴史的な地名に基づくもの　三二

三宅　国分　国府　上条　中条　下条　一条　二条　北条　南条　東条
西条　郡司　郡山　郡元　東郷　西郷　南郷　入来院　伊集院　一戸
二戸　新渡戸　東園　桃園　薗田　牧　関　空閑　古閑　五箇　久我
古河　垣内　洞　上保　安保　神保

荘園関係　三四

庄司　庄子　田所　東海林　公文　図師　刀禰　由井　田子　広政　国
光　久末　福富　徳富　門田　門脇　別府　別所　加納　一色　土居
堀内　麓　古館　大館　下館　城山　新城　宮本　宮地　一宮　二宮
宮代　宮田　神田　斎木　斎田　寺中　寺岡　寺田　寺林　土倉　一倉
細倉

天文・地形・方角・動植物等にちなむもの　三七

（天文）日奉　日向　日置　日高　星　雲井　南雲
（地形・方角）喜多　辰巳　乾　西田　北田　南田　岡田　山田　上田
中田　下田　田中　田代　前田　門田　正田　副田　添田　横田　広田
狭田　大田　小田　長田　吉田　肥田　豊田　迫田　迫水　大迫　迫野
佐久間　井口　井上　井尻　井原　藤井　桜井　今井　金井　一井　曾

根　中曾根　石丸　反町　阿久津　塙　立野　立山　大野　小野
(動植物)大槻　橘　立花　椿井　楠　桃　梅　犬飼　犬山　熊谷　猪
狩　竜山　竜岡　虎尾　亀山　亀田　鶴岡　鶴田　鷲見
三　氏姓制に源をもつもの……………………………………四一
有力な氏　四一
葛城　平群　大伴　物部　中臣　蘇我　佐伯　伴　曾我　久米　藤原
友部　春日　丸子　当麻　鳥見　跡部　曾我部　十河　長宗我部　香宗
我部　阿倍　阿部　安倍　安部　藤崎　安東　安藤　美濃部
御子代・御名代　四四
建部　軽部　苅部　財部　矢田部　日下部　泊瀬部　長谷部　小長谷部
長谷川　武部　草壁　草香部
職業部　四五
安曇　安住　渥美　厚見　海部　高橋　磯部　度会　服部　渡部　亘理
渡　渡辺　斎部　尹部　矢部　土師部　犬養　鳥養　鳥飼　鵜飼
(帰化人―秦)朝原　太秦　大蔵　惟宗　宗　長蔵　長田　神保
(帰化人―漢)坂上　綾部
(帰化人―百済)勝　勝部
(帰化人―高麗)狛　高麗

（帰化人―新羅）金　横山　今　今野　紺野　昆野　金野
（帰化人―その他）古賀　久我
四　地方豪族の成長と名字……………………………………五四
源平藤橘　五四
紀　伴　菅原　大江　惟宗　宗　高階　高　大高
地方に下った藤原氏　五五
斎藤　工藤　左藤　佐藤　進藤　首藤　主藤　内藤　武藤　伊藤　近藤
遠藤　加藤　尾藤　後藤　信藤　須藤　安藤　春藤　海藤　江藤　権藤
服藤　印藤　藤田　藤崎
魚名の末―秀郷の流れ　五八
佐藤　須藤　首藤　周藤　守藤
藤原利仁の流れ　六〇
斎藤　富樫　井口　林　豊田　竹田　疋田　千田　熊坂　鏡　吉原　河
合　長井　勢多　赤塚　加藤　進藤　後藤　坂戸　賀藤
（藤原南家）工藤　伊東　狩野　河津　曾我　宇佐美　牧　原口
平　氏　六二
（良文流）土肥　秩父（畠山　小山田　稲毛　河越　渋谷　江戸　豊島）

千葉
(良茂流) 三浦 (和田 葦名 佐原 長井 岡崎) 鎌倉 (大庭 梶原
長尾 俣野)
源 氏 六三
橘 氏 六四
源平藤橘以外とくに注目すべき地方豪族 六四
(九州—豊後) 大神 都甲 真玉 清原 大蔵
(九州—大神一族) 緒方 尾形 小方 大野 阿南 稙田 戸次 直入
(九州—大宰府府官大蔵一族) 原田
(九州—大宰府府官高木) 草野 龍造寺 上妻 北野
(九州—菊池) 米良 小名 黒木 甲斐
(近畿—鈴木) 榎本 宇井 亀井 穂積
五 初期の武士団と名字・紋章……七四
武士の族的団結 七四
畠山 新田
名字は武士の特権 七五
家紋と名字 七六

藤原　近衛　鷹司　九条　西園寺　徳大寺

武家の家紋　七七

熊谷　児玉　三浦　千葉　畠山　武田　佐竹　土岐　竹崎　藤堂

家紋と信仰　七九

鈴木　諏訪　賀茂　本多　伊奈　千葉　相馬　豊島　前田　飯田　武田

島田　松平　斎藤　阿蘇　菊池　熊谷　三島

広く使われた家紋　八三

武田　佐々木　足利　北条　宇都宮　小山　結城　土岐　松浦

六　武士の移住と名字の伝播……八七

移動の波　八七

鎌倉幕府の成立　八七

畠山　小山　千葉　三浦　足利　比企　土肥　佐々木　大江　大内　山内首藤　武藤　島津　大友　小田　安達　北条　相馬　長崎　安田　毛利　熊谷　神

関東武士の移住と発展　九二

（武蔵）足立　安達　河越　毛呂　金子　比企　小代　畠山　熊谷　久

下　庄　児玉　猪俣　葛西　下河辺　武藤　少弐　大泉　梶原　秩父
小山田　江戸　大河戸　高柳　朴沢　山村　鎌倉　長江
(児玉党) 庄　四方田　浅見　阿佐美　浅羽　小代　塩屋　塩谷　越生
小見野　粟生田　富田　入西　真下　小幡　倉賀野　大類　鳥見
(村山党) 村山　金子　大井　宮寺　山口　須黒　仙波　難波多
(横山党) 海老名　本間　愛甲　成田　中条　糟屋
(丹治党) 丹治　成田　安保
(相模) 大庭　山内首藤　海老名　秦野　荻野　長尾　梶原　渋谷　毛
利　河村　糟屋　曾我　三浦　和田　土屋　土肥　岡崎　波多野　松田
葦名　秩父　東郷　鶴田　入来院　高城　福田　大掾　泉田　四方田
色部　工藤　二階堂　茂庭　大友　大江　上田　田総　福原　上山　長
井　那波　毛利安田　小早川　生口　小泉　浦　本間
(伊豆) 伊東　工藤　二階堂　狩野　安積　田代
(下総) 千葉　相馬　大須賀　国分　東　亘理　武石　葛西　新田
(上総) 深堀
(上野) 新田　田中　里見　山名
(下野) 宇都宮　城井　山鹿　麻生　横田　秋元　小山　長沼　皆川
結城　白河　小峯　那須　小野寺　茂木
(常陸) 伊達
(甲斐) 武田　逸見　加賀美　安田　石和　浅利　八代　小笠原　秋山

伴野　南部

東国以外の有力武将　一二三

島津　惟宗　佐々木　六角（堀部　森川　山内　鳥羽　藤島　川島　栗本　高井　梅戸）　京極（岡田　松田　浜河　松下　高橋　甲良　余吾　尼子　宍道　溝口）　浅井　能義　加地　朽木

北条氏および被官の地方発展　一二五

（北条一族）名越　江馬　田伏　極楽寺　赤橋　塩田　普恩寺　金沢　甘縄　伊具　大仏　佐介

（被官）工藤　安東　合田　会田　大瀬　小河　横溝　高柳　伊具　小笠原　渋谷　亘理　安保　神　長崎　武藤　曾我　尾藤　諏訪　知久　諏訪部　有賀　重田　中沢　宮崎　末崎　神　安藤　秋田　南条

足利氏とその一族　一三〇

桃井　渋川　畠山　斯波　仁木　細川　戸賀崎　吉良　今川　一色　高　大田原　大多和　岡松　南　大高　小高　大平　窪田　彦部　刑部　芦屋　泉　田中　倉持　上杉　扇谷　宅間　犬懸　山内　伊勢

七　苗字の地理的分布……………………………………一三七

有力な苗字　一三七

鈴木　佐藤　田中　山本　渡辺　渡部　高橋　小林　中村　伊藤　斎藤
加藤　山田　吉田　佐々木　井上　木村　松本　清水　林
分布の背景　一三九
(陸奥)葦名　伊達　相馬　磐城　佐藤　鈴木　渡辺　斎藤　渡部　五十嵐　宮城　留守　葛西　大崎　高橋　千葉　佐々木　小野寺　熊谷
三浦　菅野　菅原　遊佐　工藤　河村　阿曾沼　稗貫　南部　和賀　阿部　久慈　八重樫　及川　安藤　大浦　成田　北畠　菊池
(出羽)武藤　大江　長井　斯波　最上　伊達　佐藤　斎藤　鈴木　富樫　本間　五十嵐　阿部　二階堂　安藤　秋田　小野寺　高橋　佐々木
浅利　成田
(筑前・筑後)少弐　大内　大友　原田　大神
(日向)伊東　日下部　三田井　肝付　黒木　日高　甲斐
(豊前・豊後)大友　大内　佐藤　工藤　斎藤　高橋　鈴木
(肥前)少弐　松浦　有馬　大村　千葉　竜造寺　原田　前田　古賀
(肥後)菊池　阿蘇　相良　大友　中村　松本　緒方　荒木
(薩摩)島津　川辺　伊集院　市来　入来　揖宿　伊地知
(大隈)肝属　禰寝　菱刈　佐多
(周防・長門)大内　山本　田中　佐々木　井上
(備前・備中・美作)赤松　浦上　尼子　毛利　三宅　宇喜多　後藤

山本　藤井
(安芸・備後)村上　小早川　武田　山名　大内　尼子　吉川　熊谷
土肥　山内　平賀　石井　天野　田中　中村　高橋　藤井
(伯耆・因幡)山名　尼子　毛利　山本　田中　井上
(出雲・石見・隠岐)朝山　益田　御神本　佐々木　隠岐　吉見　山本
田中　高橋　松本
(伊予)越智　河野　土居　得能　村上　能島　来島
(土佐)細川　山田　大平　吉良　安芸　津野　本山　長宗我部　一条
山本　山崎　浜田　小松　公文　仙頭　門田
(阿波・讃岐)小笠原　三好　細川　森　田中　高橋　香西
(播磨・摂津・淡路・但馬)山名　赤松　宇野　小寺　別所　安宅　田
中　山中　井上
(紀伊)湯浅　新宮　鈴木　畠山　山本　田中　雑賀　湯川　貴志　榎
本
(伊勢・伊賀・志摩)関　北畠　伊藤　加藤　世古
(大和)筒井　古市　十市　越智　田中　吉田　井上　石田　辰巳　乾
葛城　橘　三輪　坂上
(近江)佐々木　蒲生　六角　京極　浅井　山本　中井　西川　伴
(山城・丹後・丹波)田中　山本　吉田
(河内・和泉)中　要

(越前・若狭) 田中　山本　渡辺
(加賀・能登) 畠山　中村　山本　吉田　富樫　林
(越中) 宮崎　石黒　畠山　遊佐　椎名　神保　林
(越後・佐渡) 城　三浦和田　色部　上杉　長尾　小林　佐藤　渡辺　高橋　五十嵐　本間
(美濃・飛騨) 土岐　多治見　明智　池田　浅野　斎藤　加藤　稲葉　金森　福井　中島　可児　林　鷲見　姉小路　江馬　多　三木
(信濃) 加々美　藤沢　海野　村上　市川　武田　諏訪　望月　市川　小林
(三河・尾張) 松平　徳川　榊原　斯波　織田　伊藤　加藤　水野　祖父江
(伊豆・駿河・遠江) 今川　鈴木　芹沢　望月　土屋　河津

八　名字の固定と偽作……………………………………一四三

名字の尊重　一四三
朝倉　隅田　葛原　境原　上田　松岡　相知　鮎河　京極　六角　湯浅　山中　安保　香取　和田中条　羽黒

名字の独占　一四六
大友　志賀　詫磨　今川　品川　結城　吉成　朝倉　土橋　安居　伊達

田手　館　舘　菊池　菊地　丹羽　柴田　羽柴　豊臣
庶民と名字　一四八
系図買い　一五〇
織田　徳川　得川　松平
九　身分制度の確立と庶民の苗字……一五七
苗字・帯刀の禁止と免許　一五七
白川　吉田
苗字の私称　一六二
十　苗字の公称……一六九
維新政府の政策　一六九
原田　青山　山内　大石　西郷
その波紋　一七一
高砂　鐙屋　酒井　榊原　井伊　本多　釈　禿氏　月光　星宮　修陀羅
無着　波羅蜜
妻の改姓　一七三

結 苗字研究の意義……一七七
家族制度と苗字 一七七
世界各国の家名 一七九
苗字研究の歴史 一八三
本書の意図 一八六
苗字研究の問題点 一八八

『苗字の歴史』を読む 田代 脩……一九三

一　苗字の起り

苗字と名字

苗字は古く名字と記されている。中世の辞書では、文明本の『節用集』に「名字又作名乗」とあり、『下《か》学《がく》集』にも「名字　名乗二字同」と見える。『吾妻鏡《あずまかがみ》』をはじめ中世の史料には、いっぱんに「名字」を使っている。文治二年（一一八六）八月十五日、頼朝が鶴岡八幡に参詣の際、老僧一人が徘徊していたので、その「名字」を問うたところ、佐藤義清《のりきよ》すなわち西行《さいぎょう》法師であったという（『吾妻鏡』）。地方の武士が将軍の御家人となる場合、たびたび交名《きょうみょう》の注進をおこなったが、これは武士の名字を将軍に認知してもらうためであった。

室町幕府でも、『建武式目《しきもく》』の追加として、貞和二年（一三四六）『諸国守護人非法条々』の中に、

請所《うけしょ》と号して、名字を他人に仮り、本所寺社領を知行せしむること

を挙げている。これを苗字と称するのは、苗の字に、種とか、血すじの意味があるためで、同種同根の苗裔というところから使われるようになったのである。すでに『吾妻鏡』文治元年（一一八五）十月八日の条には、「六孫王之余苗として、弓馬を掌る」というような用例がある。しかし名字を苗字

というようになったのは、江戸時代からである。文化十二年（一八一五）の『蘭例節用集』には、「名字苗字」とある。幕府の法令では、「苗字帯刀」と書くのが普通であり、維新政府も、苗字を公式の文字としているが、法律的には「氏」を用いている。

姓氏の公称

それではこの名字はどのようにして起ったのであろうか。これについて江戸時代の学者村田高風は、早く『俚言集覧』において、

名字〔和訓粊　ミヤウジ〕今家号を名字と呼ものは中古名田の字をもて称する故也、苗字と書は非といへり、名田は東鑑に見えて、もと史記平準書に出、又姓氏録中臣《なかとみの》志斐連《しびのむらじ》云々、加名字号志斐連と見えたり、家号を称する始なるべし

といっている。すなわち名田の開発経営に際してその所有関係を明示したことに基づくという説と、字《あざな》から発達したとする説とがある。阿部武彦氏は、『氏姓』において後者の説をとっている。しかしこれは、はじめ字より起り、字の中でもとくに地名に基づくものが名字として多く用いられるようになったと考えられるのではあるまいか。

大化前代にあっては、豪族はいっぱんに氏《うじ》と姓《かばね》をもっており、大化改新後、朝廷の貴族となってもこれを継承した。藤原氏が朝臣《あそん》という姓をもっていたように。庶民は多く支配者の氏の名に部をつけたものをもってその氏としていた。すなわち蘇我氏の部民である農民は蘇我部某、大伴氏の部民は大

伴部某といっていた。大化改新は、こうした貴族の農民支配を廃止して全国の民を公民とし、これを国家の戸籍に登録するとともに、その自ら称するところの称号を公認した。この場合、彼等が従来属しておった部の名がただちに氏として認められた例が多い。新たに氏を賜わったものもあり、あるいは自ら改めた氏を国家から認められたものも少なくなかった。

これに対し、帰化人、子代《こしろ》、国造《くにのみやつこ》支配下の民、屯倉《みやけ》の田部《たべ》、钁丁《くわよぼろ》のなかには氏のない者がかなり多かったらしい。八世紀になると、戸籍制度の充実により、国民のすべてが氏をもつことになった。ただ良民以外のもの、たとえば雑戸《ざつこ》とか、賤民とかはもちろん氏をもたなかったし、戸籍帳外に漏れた浪人なども、原則として氏をもたなかった。雑戸が何々部などと称しているのは、たんにその所属を示すだけのことで、いわゆる氏ではない。もちろん天平十六年（七四四）の解放以来、彼等は平民同等の地位をあたえられ、生家の、あるいは父ないし母の生家に縁ある氏とか、主人の氏もしくはその部の名を付せられることとなり、さらに氏を賜わる場合が多くなった。しかし奴婢のような賤民や浪人は、その後も依然として取り残されていた。

ところが奈良末期以来、貫籍地から逃亡し、その本貫を失う浪人が続出した。彼等が氏を失うのは当然であり、自ら公民たる資格を放棄したものと考えられる。これが平安中期以降にわかに増大した。いっぽう戸籍の作成も断続的となり、平安中期を最後としてまったくおこなわれなくなった。農民の大部分は律令国家の衰頽とともに、氏を戸籍の上に登録されなくなったわけである。

字の発生

これに代って普及してきたのが、字《あざな》である。字とは、「中国で、男子が成年後実名のほかにつける別名」（『広辞苑』）である。日本でも個人の字はすでに大化前後から見えている。『日本書紀』孝徳天皇紀には、「大伴長徳字馬飼」とあり、『万葉集』に、「土師宿禰《はじのすくね》水通、字曰志婢麻呂」とあるのが、これである。戸籍がなくなってからは、ことにこの字《あざな》が称号として用いられてきた。『今昔物語』に、「今は昔、陸奥《むつ》の前司平朝臣孝義と云ふ人有り。其家に郎等に仕ふ男有けり、実名は知らず、字をば藤二とぞ云ける」（巻十七）とあるように、字がいっぱん化した。

この字は、本名を呼ばれるとその身に禍がかかる、という禁忌（タブー）の風習から起ったものである。本名に黒麻呂、赤人といったあまりよくもない文字をあてたのはこのためである。また後になると、下人が主に対して主の名乗りを呼ぶこともおもしろくないことにされていた。このため本名とは別に呼び名を定めたものと見える。

しかし源氏の次男で源次、平氏の三男で平三というのは何人もあって他人と区別しにくいため、現在住むところの地名をこれに冠らせ、箕田に居るのを箕田源次、梶原に住むのを梶原平三というようになった。すでに『続日本紀《しよくにほんぎ》』宝亀十年（七七九）六月の条によると、紀伊名草郡の神奴百継は「和銅元年（七〇八）、居里の名により姓を神奴と注した」といわれている。これは氏の分裂とも思われるが、同じ氏が多いため、とくにその地名をもって称号とした一例と考えた方がよい。平安時代になると、この種の例が多くなった。『日本霊異記』の中に、紀伊国伊都郡に、「姓文忌寸《ふみのいみき》也、字云上田三郎」というもののあったことが見える。この上田は伊都郡上田村と考えられている。平安中期になると、地名に基づく字《あざな》はほとんど普遍的に用いられるようになった。『陸奥話記《むつわき》』には、平永衡《ながひら》の字は伊具《いぐ》十郎、橘貞頼の字は志万太郎、吉彦《きびこ》秀武の字は荒川太郎、清原武道の字は貝沢三郎としている。

このように地名を字《あざな》として用いることが多くなるいっぽう、那須与一も真田《さなだ》与一も出来てきたので、しだいに共通の部分を除いて、那須とか真田とかを字だと思うようになった（柳田国男『日本農民史』）。こうして名と字とをあわせた「名字《みようじ》」という熟字が現われてきた。『日本書紀』や『姓氏録』には、「名字《なあざな》」と載せているが、これが音読され、転訛して、「名字《みようじ》」といわれるようになった。要するにその名字に呼ばれる土地はその氏と関係の深い居住地だということになる。

名字地の形成

しかし居住地といっても、転々と変えられるような居住地ではなかった。自己の「名字」のつけられたいわゆる「名字地《みようじのち》」であった。ここにおいて考えられるのが、「名《みよう》」の制である。名の発生については種々の説があるが、今日のところそれが、本来口分田《くぶんでん》を配給された公民の名前を土地台帳に付記する慣習に由来する、ということはいっぱんに承認されている。ことに十世紀以降、富農層が開発した土地に自己の名をつけてこれを名田とすることがさかんになってきた。国衙《こくが》は、このような名田を多数占有する富農層に目をつけ、その占有地である名を賦課の対象とした。荘園領主も同様である。

しかしこの名主が名田に対する権利は、国衙や荘園領主の承認によってはじめて成立するものであった。領主の一方的な意志によって名主職が没収されることもある。名田を他人に沽却する場合にも、「名を放つ」という語が用いられているのは、その証拠である（「薬師院文書」治承四年（一一八〇）の田地売券）。後の記録であるが、寺家の下知にそむき年貢を納めないものに対しては、名を召し放つ例が見られる。建武元年（一三三四）の「東寺文書」に、「根本の名主たりと雖も、不忠をあらわすによって、召し放たる」とあるのは、その一例である（「東寺文書」一ノ七ノ三）。観応元年（一三五〇）にも、東寺は年貢を納めない者に対して、「名字を召し放」った（「東寺文書」五）。

十一世紀になると、富農層のうちでもとりわけ上層にあるものは在地領主となり、大規模な開墾、百姓名の買得《ばいとく》による集積、空閑地の囲い込みによって、私領を形成した。この私領のうち、とくにその直属労働力によって経営される堀之内・土居・門田等は、国衙の検注と賦課を免除された完全な私領であり、これを本領といっている。在地領主は、本領を国衙や荘園領主に寄進することにより、これを保証してもらった。この保証があってはじめて、それが名字地として子孫に相伝されるのである。(1)この場合、名字地には居住の地名がつけられ、またその地名を称号ないし家名として用いることが多くなった。そして名字地を有する地方の領主は、「名簿捧呈《みょうぶのほうてい》」と称し、自己の名を記した名簿《みょうぶ》と称する紙片を権門勢家に捧呈し、それに従属することを誓った。開発領主の本領保持は、権門勢家による名字の確認と深い関係があると思われる。(2)

名字の世襲

本領が名字地として定着するためには、その名字が一代限りのものでなく、また特定個人に所属すべき性質のものでないことが必要である。一族が世襲し、これを一族の団結の根拠とするようになってはじめて名字が定まるのである。このように名字地ないし名字が世襲化された蔭には、婚姻の仕方が、女系から男系中心に変化してきた事情を考えねばならない。平安の中期まで、いっぱんに子供は母方で育てられていたが、男子は婚姻とともに、生家を離れて妻の実家に住んだため、家号は父系に伝わらず、家の伝領と同じ原則で母系的に舅から婿に伝わった。(3)こうした傾向は、公卿の場合にもっとも明らかである。(4)たとえば小野宮の号は、実資からその婿兼頼に、さらにその婿へというように、女系伝領で終始し、鎌倉期になってはじめて最後の婿の源氏系の小野宮流となった。

女系伝領は男系不伝領である。氏長者《うじのちょうじゃ》時代にあっては、歴代の氏長者が同一の第宅に住み続けた事実は一つもない。氏長者時代には、歴代相承ける本第はなく、むしろ住居としては女系相続の傾向が残っていた。それは家号によく現われている。たとえば冬嗣以後を見ても、閑院冬嗣・一条良房・堀河基経・本院時平・小一条忠平・小野宮実頼・九条師輔というように、歴代父子の居所がちがっている。これが九条兼実と近衛基実から過渡期に入り、鎌倉期に入ると、近衛名字が近衛北室町東亭を本第とし、九条名字が九条富小路亭を歴代相承けて継続する。つまりそれまでは個人の家号でしかなかった九条・近衛等が、鎌倉以後は名字となって固定し、名字族という一族をなすのである（高群逸枝『招婿婚の研究』）。

名字族の出現――公家と武家

こうして公卿の場合には、平安末期から鎌倉初期にかけて、歴代家長の住居である本第が一族結成の根拠となり、その本第の家号が公卿の称号ないし名字の根源となった。その中には、西園寺や徳大寺のように、その祖先の建立した寺院の号に由来するものもあるが、多くは近衛・九条・三条・勘解《かげ》由《ゆ》小路などのように、その本第所在の地名に由来するものであった。またその邸宅でなく、山科《やましな》・醍《だい》醐《ご》というごとく、山荘のある京都近郊の地名を称号とするものもあった。山荘といっても、そこには祖先の墳墓があり、葬堂があり、そこが一族の祭祀の中心となっていた。これが名字源として称号に選ばれ、先祖相伝の本領となったのである。(5)

藤原北家の勧修寺《かじゆうじ》門族流では、歴代門族の長者を選任して一族の共同祭祀その他のことにあたっていたが、鎌倉期にはいって、吉田・葉室《はむろ》の二名字族を発祥した。吉田は経房が寿永年中（一一八二―八五）頃愛宕郡吉田の地を卜《ぼく》して邸宅を営み、その亭の傍に一宇の堂を建て、一族の共同墓地である吉田廟所とした（「勧修寺文書」）。葉室氏の場合、光頼によって葉室山荘がもたれ、堂が付属され、葉室堂とも葉室寺ともいう葉室名字の菩提寺がつくられた。(6)徳大寺実能は大炊御門《おおいみかど》の第を本拠とし、徳大寺堂を菩提所とした。西園寺公経は一条の亭を本拠とし、そこに西園寺堂を設け、中山忠親も同じくその本拠に中山堂をつくった。山科家では、祖先の墳墓のある山科の地を名字地といい（『言継卿記』永禄十一年（一五六八）十月二十日）、また懸命の地、また称号の地といっている（同永禄十一年十一月二十八日）。[7]

こうした傾向は、武士の場合でも同様である。武士的な領主にあっては、公家より早く家父長制が発達し、父系相続に移行していたのではないかと思われる。平安末期以来武士は開発の本宅または本宅の地を名字地とした。そして開発に功績のあった先祖を根元的な本源と仰いで、これを祭った。要するに地方武士団が直接の先祖としたのは、彼等が本拠とする本領を開発し、それを権門勢家に認められた人物であった。その一族はその直接の先祖を系譜的な本源として祭り、先祖相伝の地であり、共祭・共墓をなす土地を結合の中心として、いわゆる「名字族」を形成した。これを一族・一門という。この名字族は古代の氏族制の復活のように見られるが、実際はその範囲がせまく、移住・開発した地方にひろがった同族を中心として形成されていた。

相模《さがみ》国大庭《おおば》氏の祖先は大庭御厨《みくりや》の開発領主鎌倉権五郎景政であり（『天養記』）、豊後《ぶんご》国都甲《とこう》氏の祖先は都甲庄の開発領主左近大夫経俊であった（「都甲文書」）。この場合、その武士団の先祖は本領を開発した直接の先祖であり、それ以前の者は祭祀の対象とはならなかった。たとえば筑後《ちくご》原田氏の一族三原氏は、原田氏とともに大蔵種村の子孫であることを知っていながら（「三原文書」）、鎌倉末期の原田仏見の軍忠状には、「原田大夫種直五代嫡孫」として、原田種直を直接の先祖としている。松浦党でも、延応二年（一二四〇）の「松浦先祖代々末流次第」の注進状には、五代前の源久以後のことが注進せられている（「有浦文書」）。湯浅氏に関する「崎山文書」所収の鎌倉末期の同氏系図には、源平合戦に際して、頼朝に対して大功があったという宗重以後が記されているが、これは宗重をもって湯浅の名字源として祭ったためであろう。伊予新居氏は平安時代中期の新居為世を直接の祖先とし（『新居系図』）、紀伊隅田《すだ》氏は平安時代後期のはじめ頃の忠延を祭るべき祖先としている（「隅田文書」）（以上、奥田真啓『武士団と神道』）。

なおまた武士が名字地を、個人でなく一族で世襲し、開発の先祖を直接の先祖として祭るようになったのは、平安の末期からと思われる。それ以前の武士はいくつもの字《あざな》をもち、また父子兄弟はそれぞれ異なった地名を称している。たとえば源氏では、満仲は摂津の多田庄に住んだので多田新発意《しんぼち》と呼ばれたが、その子頼光も頼信も多田とはいわなかった。また為義は六条に住んだ判官という意味から六条判官といったが、その名は一代限りであった。北条氏もその祖聖範が阿多見四郎と称したが、その子の時家が北条四郎大夫を名乗ってから、その名字が世襲化された。(8)武田氏も信政以後である。

源平合戦のころになると、地方の武士はこの名字をもって一族団結の標識とし、戦場にのぞんでは、自己の名字を名乗り、相手の名字をたずねてたがいに確認しあった。源頼朝が文治五年（一一八九）奥州征伐に向い、平泉藤原氏の兵と阿津賀志《あつかし》山で戦った際、勇士二騎が馬を離れて取合いしているのを見、工藤行光がその名字を問うたところ、「藤沢次郎清近敵を取らんと欲する」と答えた（『吾妻鏡』）。

名字は源平争乱の頃にはほぼ定着し、この名字を用いる新しい同族団が出現したのである。これを名字族とも惣領制的同族団とも呼ぶのである[9]。

〔補註〕

（1）「上月文書」応永二十六年十月一日付の上月甲斐守入道聖義譲状によると、上月聖義は佐田西庄の名字の地のうち、時安のとうけ名を孫五郎景氏方へ、そのほかの名字地は惣領へ譲った、とある。

（2）初期の苗字は古代の字に系統を引くものの如くで、一族が同じ苗字を名乗るということはなく、かえって個人の名にその一族を表示する字が用いられていたようである。『吾妻鏡』治承四年八月二十日条には「三浦介義明一族已下」とあり、この一族は三浦・大多和・和田・佐原で、いずれも義の字を通字とする。個々の苗字は初期において一族を表示するものではなかった。

（3）平安時代における処分田の史料を、承徳以降約二十通を対象に整理すると左の如くなる。

第一期、承徳以降保元頃迄の十二通。宛行主体は原則として兄弟姉妹か親母で、宛行主体が親父である例を見出さない。

第二期、永暦以降平安末期迄の七通。七通のうち六通迄が親父を宛行主体とする。

仁安三年十月二日付の大山行貞田畠充文を見ると、行貞はその嫡子国貞（定）に対して、処分田畠と畠とを充行うため二通の充文を作成したが、処分田畠は元記（紀）行貞相伝とあり、畠地は元大山行貞地とある。すなわち単なる畠地には名字が関係し、他方「処分田畠」に対しては氏族名が関係している。一家之証判では、親父＝本領主が族外的に一族を代表しようとも、対内的には妻（親母）を中心とした共同知行＝諸子共同知行を全面的に統制する権限をもち得なかった（鈴木国弘「一族共同知行論」『鎌田博士還暦記念論文集』）。

(4) 当時の貴族層の婚姻の基本型は、通いを伴う婿入りでありながら、姓は父系である。これが家父長制的傾向の強い東国にもち込まれ、国司の土着と旧土豪の吸収に大きな役割を示した。その意味で、彼らは貴姓土着国司の後裔であるとともに、郡司などの伝統的土豪の後裔でもあった。

(5) 「山科家礼記」応仁二年三月の条には、「後深草院御治世年号宝治年中也、本所御名字山科ト申事此御字也、其ヨリ前ハ藤井殿・沢殿ト申也」とある。

(6) 『尊卑分脈』には「葉室一流祖　顕隆―顕頼―光頼　葉室流称嫡流家事」とある。

(7) 名字の荘園としては、久我家の久我庄、九条家の東九条庄、山科家の山科庄、伏見宮家の伏見庄などがある。

(8) 「曾根崎文書」弘安元年七月八日付の文書に「将軍家政所下　豊後国田染郷内米永名綿貫左衛門入道行久跡　文永十一年蒙古合戦賞　左郷名字相違之間所成功也者」とある。

(9) 藤川栄子氏は「吾妻鏡に小山（結城）七郎朝光に関する記事を拾っていくと、近習的な活躍を示す史料には結城姓を、小山一族を背景とした御家人として動くときには小山姓を記載している。建久三年から四年にかけて、小山姓から結城姓へと明確な名字の変化が見られる」といっている（「鎌倉幕府成立過程の一考察」『史窓』三二）。

二　名字のいろいろ

官職名から

名字が開発の地を根拠として起っている以上、その開発の地の地名をとるものが多いことはいうまでもないが、さらに開発者の官名がそのまま名字として通用するに至った場合も少なくない。その官職では、律令制とくに地方国衙《こくが》につかえていた役人（在庁官人）の称号を名字とするものがある。たとえば、国衙にあってその国の正税《しょうぜい》・官物《かんもつ》の収納・勘会《かんかい》の事にあたる税所《さいしょ》を名字とするものも、常陸《ひたち》や薩摩の土豪となっている。まれに健児所《こんでいしょ》から起った古仁所《こにしょ》姓も常陸に残っている。九州では大蔵（大倉）氏があり、太宰少弐《だざいしょうに》から起った少弐氏がある。陸奥・出羽の国衙の留守職《るすしき》は両方とも留守を名乗り、陸奥の留守氏はのちに大名にまで発展した。(1) 所氏は蔵人所に仕えた地方の武士の子孫で、武蔵《むさし》や美濃《みの》などに居住していた。周防《すおう》には所衆なる名字もある。進士《しんし》は官吏の試験にパスしたものの一つの称号であるが、これが各地に名字として残っている。

歴史的な地名に基づくもの

しかし名字としてはやはり土地に関係あるものが多い。大化前代の土地制度として名字によく現われるのは、三宅《みやけ》である。三宅は屯倉が本字、はじめは朝廷の直轄領を管理した役人の役所や倉庫を意味したが、やがてその土地の名称となった。政治・経済上の重要な拠点となったため、三宅を冠した豪族が多く現われた（河内《かわち》や周防の三宅氏は漢族。筑前や摂津の族は三宅連の族）。

大化改新後地方行政の中心となった国府は、名字として国府《こくふ》（薩摩）・国符を残し、国分寺にちなんで各国に国分《こくぶん》なる名字を残した。宮城県では千葉一族に、下総《しもうさ》の国分寺に由来する国分《こくぶん》氏があり、別に信濃《しなの》出身の国分氏がある。また律令の土地制度すなわち班田制と関連の深い条里制に基づき、上条・中条・下条・一条・二条があり、東西南北の条を名乗るものでは、伊豆《いず》の北条《ほうじょう》がもっとも名高く、越後《えちご》では北条《きたじょう》と名乗っている。また郡司には地方の土豪を任命したため、郡司の姓が多く残っている。郡山《こおりやま》・郡元《こおりもと》の名字もある。郷を負うたものに、東郷・西郷・南郷があり、とくに南九州では国衙の遺制を強く残していたためか、この名字が多い。

九州や能登には、院が地名として残っている。院とはもと四周を築地等で囲った役所のことで、郷ごとに一院をおいて租税を納めさせたが、のちには郡家と同じ機能を果し、院司と郷司とを土地の豪族が兼ねるようになった。のちには荘と同じ意味に用いられた。南九州からは伊集院《いじゅういん》・入来院《いりきいん》などの諸氏が現われた(2)。

東北地方とくに岩手・青森県内に、一戸《いちのへ》・二戸から八戸・九戸《くのへ》まで、戸のつく地名がある。この戸は軍馬の牧養地である牧の制に由来するともいわれるが、たしかでない。やはり古代の戸主《へぬし》制の名残りであり、戸を単位とする特定の地域かと思われる。名字としても使われている。なお新戸《にとべ》などの名字もこれから起ったのではあるまいか。

また公卿の中には東園、南九州では桃園・薗田というように、園とか、薗の字をつけるものが少なくない。鹿児島県では薗、熊本県や福岡県では園が多いといわれる。これは律令の園の制にならうもので、畠と同様、水田以外のものを称し、この地方では荘園と同じように扱われている。園の名字は藩士には少ないといわれる。

牧の制は律令にも見え、のち荘園化したが、牧の管理には武士があたった。牧は東国に多いが、とくに牧の方で有名な牧氏が根拠としていた駿河大岡牧がある。なお令に見える関としては、伊勢鈴鹿《すずか》関・美濃不破《ふわ》関・越前愛発《あらち》関（のち逢坂《おうさか》関）の三関が有名であり、その他奥州白河関・美濃武儀《むぎ》郡の関等々、各地にあった関にちなみ、その関を管理する関氏が現われている。なかでも鈴鹿関から起ったものに関一党があり、一族が鈴鹿・河曲《かわわ》二郡に栄えた。平重盛の後といわれる。

律令の班田制度は荘園の発達によってしだいにくずれたが、この荘園の開発と深い関係のあるのが、空閑・荒蕪の地を勅旨によって朝廷におさめさせ、また貴族に賜わったことである。ここからコガの称がおこり、空閑《こが》・古閑《こが》・五箇《ごか》・久我《こが》・古河《こが》などの名字が起った。

平安末期には到るところに垣内《かいと》集落が発生した。垣内とは文字のごとく垣の内で、はじめは土豪が周囲に垣・堰をめぐらした地域をさしていたが、後にはその村落をいい、垣内を名字とする者もある。

洞《ほら》は山間の切り開かれた地域で、まわりに森林のある豪族屋敷村ないし隔絶村落をいう。関東平野に多く、宮城県でも大洞屋敷が各地に見られる。洞の名字もここから起る。保《ほ》には平安末期、国衙が荘園の増大に対抗してつくったものがある。この保を名字としたものに、上保《うわぼ》・安保《あぼ》（武蔵）などがある。神社所有の保を神保《じんぼ》という。越中の神保氏など名高い。

荘園関係

荘（庄）園制に関係あるものとして、いちばんに挙げられるのは、庄司（仙台地方には庄子姓がある）と田所である。庄司は庄官の代表として現地にあって庄務に預かった関係から、土豪となるものも少なくなかった。東海林をショウジと呼ぶのは秋田県に多いといわれるが、これは羽前（山形県）最上郡（村山郡）沼平《ぬまのだいら》の城主、白鳥氏の族で飽海《あくみ》郡にもこの姓がひろがっている。(3) 庄司としては、紀州の名族に熊野八庄司のうち矢蔵の城主妹背《いもせ》庄司は鞆淵《ともぶち》庄の下司を勤めて勢があり、のち和田村に住みついて庄司と名乗った。このほか、紀州に庄司姓が残っているのは、紀州が戦国期までこの体制を保持していたためであろう。宮城県の庄司（庄子）は信夫庄司佐藤の流れ。(4)

庄司とならんで、公文《くもん》を名字とするものも土佐《とさ》や備後《びんご》などに多く見かける。備後の大田庄など到るところに公文家が残っている。図師《ずし》は、国郡の図帳や田図を作成するもので、はじめ国衙に属していたが、荘園領主に属するものも現われ、これを名字とすることが多かった。

刀禰《とね》は、はじめ地方郡司のいっぱん的な総称であったが、平安以降は郷村の下級官人をさすようになった。近世にもこの名称は持続し、村内での有力な家格をほこっていた。北陸地方の海岸には刀禰を名字とする旧家がある。

労働を共にすることを結《ゆい》といい、平安中期から田植などに結のおこなわれたことが歌にも見える。鎌倉の由比ケ浜は有名で、由井氏もこの辺の部落の長である。これに対する作業組織として手子《たこ》すなわち雇傭労働の制があり、田子などの地名にちなんだ名字が起っている。

西日本には、名田《みようでん》の名《な》をそのまま名字とすることが多い。周防では、広政・国光・久末《ひさすえ》など名前のような名字が多いし、福富・徳富など縁起のよい名を名字とした。薩摩藩の士族は鮫島とか、伊集院とか、入来院とか、二、三の例を除いていずれも領内の郷または村の名をそのままに名字としたものが多く、人口に比して姓の種類が多い。これは薩摩藩特有の細分化された門割《かどわり》制に基づくもので、明治初年（一八六八）の苗字公称勧告の際、門《かど》の名をそのまま名字とする傾向があったためである。門は門田からきている。領主の屋敷の前にある田で、門脇はその脇にある家のことである。

別符《べつぷ》は太政官符すなわち太政官の発した特許状のことであるが、この官符によって山野を開墾したのが別符であり、後に別府となった。武蔵武士に別府氏がある。別所も同じで、九州にもあるが、関東に多い。加納《かのう》も別所と同じ意味で、これが名字となった。

一色《いつしき》は一色別納の意味で、年貢の徴収が単純化し、一人の領主に直納する開墾地のことで、各地に一色・網一色などの地名が残っており、これが名字となった。足利氏の一族一色氏が名高い。

武士が成長してくると、その生活に関係ある名字が生れた。たとえば武士の館は多く防禦のため林・堤や堀でかこまれるのが普通であるが、それが地名化し、さらにその地名を名字として名乗るものも少なくなかった。土居《どい》ないし堀内を称し、館の字をつけるものがこれである。四国では土居という地名が非常に多い。河野氏の一流土居氏は伊予国久米郡石井郷土居から起る。これに対して東国では堀内の地名が多く、そこに堀内という姓も起ってくる。

鹿児島県には麓《ふもと》という地名も多く、またその姓も多い。これは山下町と同じ意味で、士族の住む小城下であり、薩摩藩に特有な百二外城《とじょう》に由来する。古館《ふるだて》・大館・下館《しもだて》など館にちなむ地名や名字も青森県や岩手県に残っている。城にちなんで城山・新城《しんじょう》も各地に見受けられる。

神社関係では、祝《ほうり》や宮本・宮地など神域と縁のあるもの、宮下はお宮の前ないし麓、一宮・二宮は平安中期国司が参拝の順序をとってつけた名、宮代・宮田・神田は供祭の費用を出す共有田、神戸《かんべ》は垂仁天皇のときにおかれた神領である。寺院関係として、寺中・寺岡や寺田・寺林など寺城ないし寺領に関係ある名字が現われている。斎木《さいき》ないし斎田《さいだ》は、精進潔斎に関係ある地名であり、名字である。

貨幣・商品経済の発展に伴って、土倉などの高利貸資本も起ったが、これが地名化したり、名字化したりしている。中世では高利貸業者を土倉といったが、これが安芸では地名化し各地で名字化している。中世では「ドゾウ」といわれるが、現在の名字では、「トクラ」「ツチクラ」と呼ばれている。一倉・細倉等々、何々倉という名字も中世の高利貸業者から起る。

天文・地形・方角・動植物等にちなむもの

なお名字には天体にちなむものとして、太陽・月・星の文字をつけたものがある。日奉《ひまつり》・日向《ひゅうが》・日置（ひおき・へぎ）・日高などは太陽に関係がある。星の崇拝は、妙見の信仰ともからみ、とくに東国の牧場地帯に多く見られ、星その他これに関係する名字が起っている。雲にちなむものには、雲井・南雲がある。

地名に東西南北にちなむものが多いのは当然である。四国では北を喜多とした土豪がある。大和では、興福寺に辰巳《たつみ》とか乾《いぬい》とかいう方角による六方衆の組織があり、それに大和各地の土豪が加わっていたため、その子孫がこの地方に分布している。

また地形から田・畠・水・川・山・丘（岡）・森・林・野・土・海・磯・浜・岸等の名字はもっとも多数を占めているが、とくに田に関係のあるものの多いことが注目される。これはもちろんわが国の水田耕作に基づくもので、地域的には東国に畑・畠に関係するものが多いのに対し、西日本では田が畠より多い。

まず方向によって西田・北田・南田、地形によって岡田・山田、位置によって上田・中田・下田がある。田中の多い理由は、文字どおり「田の中」に居住し、四方の田を管理し、占有していたためであろう。これに対して中田は多いが、田中ほどではない。田代の名字も多い。田代は多く山のすそ、入野の奥など水田の敵地耕作可能の土地につけた。開けば水田になるべき地であった。前田・門田・

内田・正田は地頭領主や名主の館の前にあり、下人を使って自ら耕作した佃の類である。土佐には門田の姓がある。副田《そえだ》・添田・横田などは付属的な意味をもっている。

田積の広狭大小を示すものとして、広田（狭田《さだ》は少ない）・大田・中田・小田・長田、良田として豊田・肥田・吉田がある。吉田は山田についで多い。相模国鎌倉郡に吉田庄があり、保元の乱の頃為義の息亀若の傅である吉田次郎はここの住人であり（『保元物語』）、吉田党もこの庄の武士をさすものと思われる（『源平盛衰記』）。しかし吉田の地名は全国にあり、その姓も、田が西国に多かった関係からか、西日本に多い。中世の水田は多く山あいに発する水流のうるおす地域に設けられた。これを迫《さこ》・迫田といい、せまく行きづまった谷で、とくに九州に多い。迫水・大迫・迫田・迫野などの名字がある。千葉県ではサクといわれ、作田・佐久間姓がある。(5)

生活に関係あるものとして、用水源の泉からくる和泉・泉山・今泉等があり、井に関係ある名字も目につく。井口・井上・井尻・井原・藤井・桜井等があり、また用水堰《ぜき》を井と称することもある。群馬県には今井・桜井・金井など井にちなむ姓が多いが、これは赤城などの山麓にある湧水地帯にちなむものであり、新田の一族にも一井《いちのい》がある。

曾根は石根《いそね》の略で、石交りのやせ地、平地の石交りの堅い所で、現在では開墾されて良い耕地になっている地方のようである。曾根あるいは中曾根などの名字もこの地名から起った。丸は何かにかこまれた地域で、石の場合には石丸といい、佐賀県や愛知県にこの名字が見られる。

反町《そりまち》の名字は焼畑から起る。当時武蔵野に開拓の手がのべられた名残りとも見られる。『甲斐国志』も、「ソウリまたはソリは焼畑のことである」と記している。阿久津《あくつ》または圷《あくつ》（低い土地、湿地帯）の地名や名字も関東から東北に多く、反対の塙《はなわ》の名字も見える（山口弥一郎『開拓と地名』）。入会《いりあい》に関係するものとして立野《たての》・立山があり、中世の初期から見えている。野では大野より小野が多くまた名族となっている。

動植物に関係ある名字として、植物では松・杉がもっとも多く、桜・柏・橿・槻（大槻）などがこれに続く。屋敷内に植えられた家の象徴であることが多い。橘も古来の名族であるが、承和年間（八三四—四八）、国母の檀林《だんりん》皇后の本姓を避け、橘朝臣以外の橘氏はみな椿姓に改姓、地名も立花・橘樹《たちばな》などと二字になり、立花氏もこれから起った。椿井《つばい》姓は大和に多い。楠や梛《なぎ》も紀州から泉南地方に起った姓である。桃や梅は儒学者や医者によくつけられる。(6) 動物では犬飼・犬山など犬の字をつけたものが多く、熊谷・猪狩など日本の山野に棲息する動物にちなむものが多い。竜にちなむ竜山・竜岡など多少あるが、虎は虎尾などがある程度で、少ない。長寿を尊ぶという意味で、鶴田・鶴岡・亀田・亀山など、その地形や由緒から地名がつくられ、さらに名字が生れる。鷲見《すみ》などの名字は鷲を捕えるための番所から起っている。

〔補註〕

（1）留守所の在庁官人には諸国に置かれた軍団の将校の職名を帯びている者もあった。そのため塙団右衛門・団十郎ができ、団琢磨に至っては、団が氏名となっている。また平安末期になると、地方豪族は京へ上った兵衛・衛門の微官を買い、郷里へ帰って何兵衛・何右衛門と称した。兵衛を氏名とした者もある。

地方豪族は在庁官人に任ぜられ、陸奥の留守氏、薩摩の税所、常陸の古仁所のほか、周防の目《さつか》（属）、備前の黒松《こくしょう》（国掌）などがある。

（2）九州の田部氏は古い豪族で、宇佐宮神官四姓でもあるが、この地域には田部姓を称する武士が多い。「末久文書」建保五年正月二十二日付の大宰府の下文には、上毛郡下毛郡地頭職であった田部太子とある。

（3）沼の平は、天正年間には白鳥長久の一族東海林隼人（庄司隼人助昌種と称した）が居城としておったが、天正十二年頃滅亡している。隼人は白鳥家系図（「奥羽永慶軍記」）によると、長久の従妹が沼ノ平館主庄司某の妻女となっている。隼人の弟の三男宗長は最上義康に仕えた。

（4）なお大内村葛岡・岩谷部落、由利海岸地帯は東海林姓発祥の地という。東海林憲雄『東海林姓考』（山形市、武田好吉発行）。

（5）甲斐姓は山の峡《かい》からおこる。古くは谷あいを「かい」という。

（6）植物と田の組合せの苗字は非常に多く、苗字の半分以上となっている。たとえば柳田というのは田圃の中の一番大事な儀式をおこなう親田の目印により、楊つまり柳の木を植えたものであろう。

三　氏姓制に源をもつもの

有力な氏

名字の中には、古代の氏姓制に淵源をもち、氏または部の名を名字とするものが少なくない。古代の氏は五世紀、大和国家が発展し、諸豪族が政治的地位と職務とを世襲したときに成立した。したがってこの時代の氏の名称には地名とともに職務によるものが多い(1)。氏はまた奴隷のほかに、実力によりあるいは職掌に応じて多数の部民を私有または管理したために、部名を氏の名とするものも多い。その中では、葛城《かつらぎ》・平郡《へぐり》の臣《おみ》など大和の地名を氏の名とするものが五世紀に栄え、六世紀以来大伴《おおとも》・物部《もののべ》などの連の勢力が強かったが、やがて蘇我臣が覇権をにぎって皇室と対抗し、大化改新後、中臣氏が蘇我氏の一部や阿倍氏とともに勢を得た。

これらを雄族として無数の大小氏が現われているが、現在の名字には、葛城・久米・阿倍・佐伯などのように、氏の名をそのまま名字とするものがあり、大伴が伴、蘇我が曾我というように、多少その名を変えて残るものもある。いずれにしても、今日残る名字の多くは、氏に属する部民が各地に集団をなして居住したものと、その地名に基づくものが大部分であり、ときにその伴造《とものみやつこ》の子孫と考えられるものもある。

大伴氏は四、五世紀の頃大和国家の成立期に大伴部を各地に設けたほか、久米部《くめ》・佐伯部《さえき》らを統率し、軍事をもって朝廷に仕えた。しかし欽明朝以後になると、物部・蘇我氏に圧迫され、奈良時代には藤原氏に押されて振わなくなった。弘仁十二年（八二一）、大伴氏は淳和天皇の諱《いみな》大伴を避けて伴宿禰と改めた。系図の上で伴氏の裔と称するものが、近江《おうみ》・三河《みかわ》に多い。近江商人の伴氏もこの一族である。伴部は相模・安房《あわ》などにも、また友部は常陸にその地名や名字が残る。大友氏とは古くは別々であったが、のち混同して用いられた。

久米氏は大伴氏の部下として軍事・刑罰を掌る衛兵（久米部）の伴造、全国にこの地名は多いが、久米氏の祖大久米命の居住地といわれる現在の奈良県橿原市久米には久米寺がある。別に蘇我氏・春日氏らの支流に久米臣がある。伊予久米郡の久米氏は久味《くみ》国造から発した名族、肥前佐賀の出で、北九州一帯にひろがる久米部もある。

丸子（まるこ・まりこ）は大伴氏の族で、丸子部の首長、後世丸子部の多くは大伴氏を称した。とくに東国に多い。

佐伯氏は大伴氏の支族、この佐伯氏に五、六世紀大和国家の捕虜となった蝦夷《えぞ》が部民として服属した。『日本書紀』や『新撰姓氏録《しょうじ》』には、蝦夷の俘虜を伊予など西国に住まわせ、これが佐伯部の祖となったと伝えている。また『続日本紀』では、陸奥俘囚百四十四人が伊予に移されたとある。(2)

物部氏は中央では大和の石上《いそのかみ》の地を本拠とし、河内・和泉《いずみ》・播磨《はりま》・伊予にわたって分布し、その部民の裔と考えられるものに、当麻《たいま》物部・鳥見《とみ》物部・跡部《あとべ》物部など二十五部があるといわれる。このうち阿刀（跡）物部の伴造は阿刀氏、跡部ないし阿刀部はその部民である。河内・伊勢《いせ》・美濃その他各地に跡部郷があり、跡部なる名字も残っている。

蘇我氏の名は曾我・曾我部・十河《そごう》の名字に残った。大和・遠江《とおとおみ》・相模等に曾我庄があるが、これは昔曾我部のいたところと伝えられる。物部姓が名字として普及しなかったのに、曾我・曾我部の名字が残ったのは、各地に曾我の地名が残ったためであろう。土佐には宗我部《そがべ》という大族が香美《かがみ》郡と長岡《ながおか》郡の両地にあり、前者が香美の香の字を採って香宗我部《こうそうかべ》といい、後者は長岡の地名とあわせて長宗《ちょうそ》（曾）我部《かべ》となった。

この蘇我氏と深い関係のあるのが阿倍氏である。古代の阿倍氏は、孝元天皇の皇子大彦命の子孫で、従来大和あるいは伊賀出身の豪族であるとされている。この氏は、倉梯麿《くらはしまろ》のとき大化改新の際の功労によって左大臣に任命されたが、それ以後は振わず、ただ天武朝に一時おこり、その一族の阿倍引田臣比羅夫《ひらふ》（越前引田の出身）が海上に勢をもち、蝦夷の経営にその名を高くした。この関係からか、奈良末期から平安初期にかけ、蝦夷の土豪で阿倍姓を賜わるものが多い(3)。

丈部《はせつかべ》は中央で走り使いを任とする部で、奈良時代にも東北地方を含む東日本に圧倒的に多く分布している。この部を最終的に監督する立場にあったのが阿倍氏であった。このため阿倍氏と丈部が同族

であるとする考えが定着し、改氏姓のときに丈部が阿倍某（地名）臣のように名乗るようになったと思われる。(4)

平安時代になると安部・安倍・阿部姓も記録に見えてくる。前九年の役に討たれた安倍貞任《さだとう》・宗任《むねとう》などがこれである。貞任滅亡後、その子は乳母に抱かれて陸奥津軽郡藤崎に逃れ、藤崎・安東・安藤と称した。後の秋田氏はここから起る。その安藤系図にはその家系を倉梯麿の末、比羅夫の後としている。安倍では信濃の諏訪神官の一族に安倍があり、駿河《するが》の安倍がある。讃岐《さぬき》の安部は伊予に流された宗任の正流であるとしている。(5)

なお地方豪族に属した部に美濃部・出雲部などがある。美濃部は美濃の部で、美濃国 造《くにのみやつこ》の部曲《ぶきょく》から発祥したと推測される。

御子代・御名代

次に皇室や皇族の私有民といわれるものに御子代《みこしろ》部や御名代《みなしろ》部がある。これも地方に居住する農民であり、いまも苗字に残るものに武部《たけるべ》のあとと思われる建部《たけべ》がある。軽部《かるべ》は允恭天皇の皇子軽皇子の名を負った御名代部といわれる。大和高市《たけち》郡をはじめ、各地に軽の地名がある。武蔵・備前の苅部もこれと関係があろう。また財部《たからべ》は舒明天皇の皇后（後の皇極天皇）の御名代部、矢田部は仁徳天皇の皇后八田若郎女《やたのわかいつらめ》の名を負った御名代部の一つ、大和 添上《そえのかみ》郡にある。

日下部《くさかべ》は、仁徳天皇の皇子大日下《くさか》王・若日下王のために設けられた御名代《みなしろ》部といわれる。(6) のち大いに広まって全国に及んだ。草香部・草壁・日下《くさか》と書く場合もある。河内が本拠であるが、和泉・豊後・播磨・摂津・但馬《たじま》・筑後などの族も比較的有名である。

泊瀬《はせ》部は長谷部とも書き、大和磯城郡初瀬から起る。ここに雄略天皇の泊瀬朝倉宮、武烈天皇の泊瀬列城《なみき》宮があった。その御名代部として長谷部・小長谷部の両氏があり、長谷川氏もその分流として起ったが、長谷川には異流も多い。泊瀬部天皇（崇峻）の御名代部ともいわれる(7)。

職業部

部にはこのような皇室や豪族の私有の民ばかりでなく、錦織《にしごり》部や鍛冶《かじ》部・膳《かしわで》部など、職業の名を負うものがある。私有の民を部曲というのに対し、これを品部と称する学者もある。職業部には、

(1)貢納型ともいうべきもの。地方の農民や漁民の集団が特定の長によって支配され、さらに中央の豪族がその伴造となっているものがある。山部・海部・鵜飼部・土師《はじ》部・弓削《ゆげ》部などこれである(8)。

(2)番上型というべきもの。中央の官司に隷属し、伴造に従ってその官司に番上するもの。地方に居住するが、一定の上級伴造をもたないもの、馬飼部・鍛冶部がこれであり、帰化人の系統に属する部も多くこの類である。ふつう品部といわれるのは以上の二例である。

(3)これに対し、国造や辺境の蛮民など特定の地方集団を服属させたときにつくられた部がある。舎人《とねり》部・靫負《ゆげい》部や佐伯《さえき》部、膳《かしわで》部・来目《くめ》部などがこれである（井上光貞『大化改新』(9)）。

大化改新後、氏の世襲的職務と私的支配権は否定され、部民は解放されたが、なお伴部・品部・雑

戸といった職業部は、諸官庁の中でも、宮内省や兵部省・大蔵省にもっとも多く存続している。宮内省では鍛冶司に鍛部、大膳職と内膳司に膳部、大蔵省の織部司に呉服部《くれはとりべ》等が属していた。品部は天平宝字三年（七五九）特別のものを除いて廃止され、雑戸も平安時代の『延喜式』には数種のものを残すにすぎなくなった。しかし部民の配置された地方には、その部の名が地名として残り、それをもとして多くの名字がつくられた。(10)今日ひろく分布しているものをとりあげて説明してみよう。

安曇《あずみ》氏は早く大和朝廷に仕え、諸所の海人部《あまべ》と阿曇部《あずみべ》を率いて海産物を扱い、大化改新後は内膳司の奉膳の地位にあった。発祥地は西方らしく、三河・美濃・信濃にひろがっている。安住・渥美・厚見みな同苗である。古く阿と安とあったが、奈良時代中期から安の字に一定した。

海部《かいぶ》は、アマベを後世音読したところから起った地名で、阿波《あわ》海部郡にその名の土豪がある。(11)

膳部《かしわでべ》は、朝廷および天皇に属して日常および公の儀式において、膳部の調理をおこない、阿部氏の族膳臣がこれを統率した。多く東方の国造からとったらしい。膳臣は安倍氏と同じく孝元天皇の皇子大彦命を祖とし、大彦命の孫磐鹿六雁《いわかむつかり》命が景行天皇の東国巡幸に随従して、上総《かずさ》国浮島宮に至った際、そこの海でとれた堅魚《かつお》と白蛤を調理してさしあげ、お気に召してこの姓を賜わったと伝える。膳臣は天武天皇のとき朝臣の姓をもらい、持統天皇のときには当時の大族十八氏の一つに教えられた。この支流が高橋氏である。

高橋氏は、中臣氏における藤原氏、物部氏における石上氏のように、しだいに宗家の膳臣氏をしのいで勢をもち、安曇氏と同様、宮内省の内膳司に仕えて、奉膳の地位にあり、神事にあたって安曇宿禰と争い、延暦十一年（七九二）に至ってようやく解決を告げた。その事情は『高橋氏文』に詳しい。

高橋氏は、鈴木・佐藤についでひろく全国に分布している。鈴木が主に東国であるのに対し、北陸・山陰から北九州にまでひろがり、松浦党にも高橋姓が多い。なぜこれほどにひろがったのか不明であるが、東国の国造から膳部を出させたためか、とくに東国にこの姓が多く、東北では、岩手の南部から宮城の北部にかけて密度が高く、塩釜神社の社家にも、膳部の供進をつとめる社司に高橋氏がある。(12) 越後の弥彦神社の祝職も高橋氏である。(13)

『和名抄』では陸奥柴田郡・伊予越智《おち》郡・肥後鹿本郡・下野結城《しもつけゆうき》郡など六ヵ所に高橋郷がある。高橋氏には大和添上郡高橋村から出、高橋神社を氏神とする物部氏の族もあり、山城《やましろ》・河内・伊賀・越《えち》前《ぜん》に栄えた。

磯部は航海や漁業を職業とする部から起り、伊勢・志摩の間、伊勢湾より外海に面するあたりに置かれた。この磯部を管理していたのが伊勢国造で、度会《わたらい》を名乗る神主、その祖が磯部氏である。伊雑《いざわ》宮の奉仕を職としたものもある。海部の安曇氏を中心とする西海方面の漁民に対立し、西は隠岐《おき》・但馬を限界とし、近畿より中部地方において安曇系や尾張《おわり》系と錯綜した上、いっぽうは越後に、いっぽうは上野《こうずけ》・下総にのびた。

服部《はとりべ》は諸国に設置され、中央からの要求に応じて織物を貢納した農民で、各地の服部の首《おびと》といわれる首長に統率され、さらに中央の大和の服部連に総括された。元来は朝廷の部民であったが、服部連の私民となる要素が多かった。大化改新後公民となる。

伊賀の服部氏は、阿拝《あべ》郡服部郷を本拠とし、一族が伊賀にひろがった。服部郷の地名はこのほか、大和国山辺《やまのべ》郡・摂津国島上《しまかみ》郡・美濃国安八《あんぱち》郡・近江国野洲《やす》郡・伊勢国奄芸《あんげ》郡・三河国八名《やな》郡・遠江国長上《ながかみ》郡・越前国今立《いまだて》郡にあり、その多くが機業地となっている。苗字にも「はっとり」が多い。

渡部は、古くはワタリべと読み、渡船を職とする職業部の一つで、後世の渡部姓はいつの頃からか渡辺姓と混同した。渡辺では摂津国西成《にしなり》郡渡辺村に起った渡辺党が名高い。渡部に関係ある名字としては、亘理《わたり》・渡がある。山陰地方では渡辺より渡部《わたなべ》が多く、福島県では、会津地方に渡部、中央や東部に渡辺姓が多い。

斎部《いんべ》は古くは忌部《いんべ》と書く。中臣氏とならんで大和朝廷の神祭を掌り、奉幣を任とした。阿波・讃岐・紀伊・安房等に忌部と呼ぶ多くの部民を有したが、のち中臣氏に抑えられた。苗字には尹部《いん》がある。

矢部は職業部の一つで、矢作《やはぎ》部・矢作と同じ雑工戸《ざつこうこ》に属し、駿河《するが》・筑後・豊前《ぶぜん》・肥後等にこの地名がある。

土師部は土師《はじ》連に率いられて朝廷に埴輪《はにわ》・土師器などの土器を貢した。河内・和泉・下野・阿波などに集住し、土師を苗字とするものがある。(14) 菅原姓を賜わり、大和の菅原村を本拠とした。加賀の前田はその子孫といわれる。

犬養《いぬかい》（飼）・鳥養（飼）・鵜飼は、職業部の一つで、犬は番犬と狩猟、鳥は多く食料に供する。鵜飼の民には安曇族に属するものが多い。改新後は江人《えびと》・網引《あびき》とともに雑供戸《ざつくこ》に編入された。各地の河川におかれ、筑後・美濃・安芸ではかなり後まで伝えられ、美濃の鵜飼氏などは地侍としても勢があった。犬養は馬養・牛飼・猪飼と同様卑賤のものと考えられやすいが、事実は改新後の政界に相当な勢力をもっていたらしい。備前の犬養が名高い。

部には帰化人によって編成されたものがある。その中でもっとも有力であったのが秦部《はた》と漢部《あや》である。秦氏は楽浪郡滅亡後南朝鮮にいた中国人が五世紀はじめ頃渡来したものと推測され、機織の技術を各地に伝えた。

秦氏は全国に散在する多数の秦部の統率者として朝廷に仕え、財政事務にもあずかった。秦氏は現在の淀川中流から上流葛野《かどの》にかけて繁栄した。この氏族の分流には、朝原・太秦《うずまさ》・大蔵・惟宗《これむね》・宗《そう》・長蔵・長田等六十ほどある。薩摩の島津氏は惟宗姓、越中の神保、対馬《つしま》の宗氏もこの出である。稲荷神を氏神としたため、秦氏の配置されたところ必ず稲荷社がある。薩摩の島津も稲荷を勧請している。

漢氏は古代帰化人系の豪族で、楽浪の中国人の子孫が五世紀のはじめに渡来したものらしい。倭《やまとの》漢《あや》・川内《かわち》漢などあり、倭漢氏が栄えた。その中から坂上氏が出、坂上田村麿の活躍で知られている。漢部は漢人部《からひとべ》ともいわれ、大化以前に漢氏が所有または管理していた部民、大部分は日本人であったらしい。漢氏の職掌に応じて綾織などの技術を奉仕するものと単なる農民とがあった。石見《いわみ》・美作《みまさか》・肥前・豊後にも分布、丹波《たんば》の漢部郷が有名。名字としては綾部がある。

勝（すぐり・すぐろ・かつ）氏は百済族で、美濃と出雲に勝の名字が多い。勝部はもと帰化族をもって組織された品部で、勝氏支配下の民である。後世は種々の氏族がこの部名をおかしているが、これらは勝部なる地名を負うたものである。(15)

狛（高麗）氏は主として天智天皇の代、唐のためにほろぼされた高麗の遺民の帰化したもので、狛氏は高麗人、狛部の伴造、大化改新後大蔵省に属し、雑革・染作《そめつくり》を掌った。播磨に狛郷、山城に狛野庄がある。宮内庁の楽人に狛氏がある。武蔵では高麗郡に移住したが、後に高麗姓をいやがって高倉朝臣と改めてもらったものもある。丹治《たんじ》党の高麗氏は高麗の地名をとっている。

奈良時代に帰化した新羅《しらぎ》人は、国がほろんだわけではないので、一時に多数来たことはないが、総計すればかなりの数に上る。彼等は多く農民として広く東国各地に移植された。その中には新羅の国王金閼智《きんおち》の子孫と称するものがあり、金氏を名乗っていた。奈良時代、武蔵国新羅郡（新座郡）に多数移住した。後の横山氏などもこの金氏の流れを酌むといわれる。金氏は九州地方にも移住したが、東北ではことに岩手県に栄えた。金氏はまた阿部の一族ともいわれる。

前九年の役の顚末を伝えた『陸奥話記』を見ると、朝廷側源頼義方にも気仙《けせん》郡司金為時の名が見え、蝦夷の軍安倍頼時方にも金為行が河崎柵をもって営となしたことが見える。金師道・金依方はみなこれ貞任・宗任の一族とある。『吾妻鏡』にも、文治五年（一一八九）八月、泰衡郎従、金十郎などが大将軍となって城郭をかまえて、頼朝の軍を迎えたことが見える。金氏の子孫は、金・今・今野・紺野・昆野・金野などと称され、気仙から磐井・久慈郡に多く分布している。(16)

北九州で帰化人に関係ある姓は古賀氏である。古賀氏は大族で、その七割は北九州でしめるといわれる（『日本紳士録』）。そのおもなものに、肥前の狛姓古賀族、筑後の劉姓古賀氏があり、さらに肥後玉名郡古閑、鹿本《かもと》郡の古閑族がある。このうち劉姓の古賀氏は、漢の高祖の末といわれ、甲斐《かい》国に住み、のち筑後国三潴《みつま》郡古賀村に移って古賀を称した。いっぽう久我氏は、山城国愛宕《おたぎ》郡の久我が発祥、村上源氏の久我家もここから起っている。

〔補註〕

（1）天武天皇の八色の改姓以後元正迄、及び奈良時代より平安にかけて多くの氏の名が変更されているのは、この時代に家族の独立の顕著であったことを語る。

（2）香川県の古代豪族讃岐国造の一族に佐伯という姓が多い。讃岐国造は景行天皇裔と伝えられている。一方、佐伯姓を賜わって瀬戸内海一帯に移された蝦夷もいた。

（3）出羽地方と阿部氏との関係は比羅夫の蝦夷征伐以後ではなかろうか。

（4）阿倍氏は蘇我氏と同様、新しい官人的性格を持ち、官司的部民の伴造的性格をもった氏であり、供膳に関係ある部民を支配し、屯倉の管理にあたることとなった。なお丈部氏は国造から雑用に従事する氏として貢献された特定の民である。東国の国造から多く出されたものである。(『続日本紀研究』所収の大塚徳郎氏の研究による)。

(5) 安部も大姓であるが、安倍は饗《あへ》で料理を作る官職から出た氏名で、膳部《かしわでべ》というに等しい。十一世紀、岩手県地方の安倍には二系あった。一系は「秋田氏系図」などにある出羽からはいった安倍であり、もう一系は磐瀬・白河・信夫・伊具などに居た安倍・丈部系である。阿部氏は大和葛下郡阿部、十市郡安倍、摂津国東威郡阿倍野にもある。

『岩手県史』第二巻中世編上(一四一)によれば「黒沢尻大館城主阿部康仁、百岡胤勝を養子とする。康勝、阿部家中興の祖となる。此時、安部家(安倍頼時ノ後胤)系図者恐多ニ付、平氏、胤勝(建久元年)以前ニ引直シ、則氏者阿部ヲ名乗ル」とある。

(6) 日下部姓も物部氏の一族である。

(7) このほか京都府福知山に雀部姓がある。

(8) 弓削は大和朝廷で弓を作る部民である。舞鶴市にある。

(9) このほか園部姓は茨城県に多い。園部の居住地が後に園部村となり、現在まで園部・薗部姓が続いている。

(10) 後世の名字に残るものには、大化改新後も官司に服属していた品部の居住地域に由来するものが多い。

(11) 渡辺三男氏によれば、阿曇氏が西日本の海部の首長であったのに対し、海部氏は東日本の海部を支配した。筑前国粕屋郡に阿曇郷がみえる。阿曇氏発祥の地か。

(12) 高橋姓は裏日本から東北地方一帯の開発に非常につくした一族で、新潟よりむしろ東北地方が繁栄していた。

(13) 弥彦神社の祭神は物部氏の祖とされるニギハヤビ命（天神族）の子天香児山命である。

(14) 土師氏は旧名をきらって藤原を氏の名とする。

(15) また、田辺も多いが、タナベは田部《たの》であって、田を作る農民の部である。部民の制度は朝鮮から伝承したものであるが、朝鮮語では Kaitichi という。勝《かち》・勝部《かちべ》はその音訳であるが、これも今日まで伝わっている。

(16) 磐井郡・気仙郡の金氏は、丈部系安倍氏が気仙郡の郡司となったとき、金姓を賜わった。由利の海岸地帯にも金・今・今野が多い。

四　地方豪族の成長と名字

源平藤橘

平安時代のはじめ、『新撰姓氏録』の書かれたころ、何千とあった氏は、そののちしだいに減じて、紀・伴・菅原・大江など十数氏の存在が比較的目につく程度になった。このように古い氏の名がなくなったのは、一つには地名に基づく新しい氏がつくられたためである。古い氏の名も、惟宗から宗、高階《たかしな》から高・大高というように、簡略化されたり、別の名に変って、新しい名字となった。

それとともに重要なことは、古代以来地方にあって、富と力とをもっていた豪族が、旧来の氏の名を棄てて、勢力のある氏に属し、その名を称するようになったことである。彼等が都に上って、官職を得るためには、中央で名の聞えた氏となんらかの縁がなければならない。源・平・藤・橘などの大きな氏が地方にひろがったのも、地方の豪族がさまざまな因縁をもとめて、この氏を称したためである。(1)(2)

南北朝期につくられた『尊卑分脈《そんぴぶんみやく》』は、そのようにして出来た系図を集大成したものであり、古いところほどその系図の中にはあやしいものが多い。

地方に下った藤原氏

四姓中もっとも古い藤原氏は、平安の中期以降、摂関の要職を独占し、延臣として大いに栄えたが、その一族で国司あるいは押領使《おうりようし》として地方に下るものがあり、地方の豪族と婚姻を結び、土着して隠然たる勢力をもつようになった。

地方に下った藤原氏は、中央政界の藤原氏と区別するため、特別に何々の藤原氏と称した。その中では、佐藤・斎藤・加藤・伊藤などが多く、武藤はこれにつぐ。

いま何々藤と名乗るものを分類すると、

(1)それが世襲していた官職にちなむものがある。斎藤が斎宮頭《かみ》、工藤が木工助《もくのすけ》、左藤ないし佐藤が左衛門尉、進藤が修理進、首藤ないし主藤が主馬首《しゆめのおびと》、内藤が内舎人《うとねり》、武藤が院の御所を警固する武士の詰所＝武者所から出ていると伝えられる。

いっぽう、(2)国名ないし地名からとった名字も少なくない。伊藤が伊勢の藤原であることは『保元物語』に見える。近藤は近江、遠藤が遠江、加藤は加賀、尾藤は尾張、武藤の一流は武蔵、後藤は備《び》後《ご》と肥後にちなむ。また信藤は信濃にちなむといわれるが、確かでない。須藤は下野国那須郡の須をとったといわれる。

(3)地方の豪族との結びつきからつくられたものもある。安倍と藤原の結合で安藤、春日《かすが》氏から春藤《しゆんどう》、海部氏から海藤、大江氏から江藤氏が出たのはその一例であろう。

このほか、権藤は筑前《ちくぜん》・筑後《ちくご》の名族で、肥後国飽田郡に権藤村があるという（『大宰管内志』筑後三池郡の部、権藤弥太郎氏家譜）。服藤（伊予今治《いまばり》付近）・印藤等々、藤のつく姓はきわめて多い。俗に十六藤とか三十二藤といわれるほどである。さらに藤田・藤崎など、藤原の姓を半ば自己の姓に帯びるものは、百をこえる。このうち、藤を頭に置いた藤井・藤田・藤村・藤本などは西日本、(3) あとに置いたものは東日本に多いといわれる。

いずれにしても、その中にはときの権勢家藤原氏にあやかるため、あえて藤原を称し系図を偽作するものもあったであろう。それはまたこの時代の名字のつけ方の大きな傾向を示すものということができる。

魚名の末――秀郷の流れ

武士化した藤原氏のうち、もっともいちじるしかったのは、不比等《ふひと》の子で、北家をたてた次男房前《ふささき》の子魚名《うおな》から出たと伝える秀郷《ひでさと》の流れである。秀郷の祖父豊沢、父の村雄はみな下野に下って下野掾《じょう》となり、下野国の押領使を兼ねた。

秀郷の母は東国の豪族で、同じ下野少掾鹿島某の娘であったから、秀郷の一家は平安時代の前期に京都をはなれて東国の任に赴き、やがて土着したものと思われる。もっとも実際は下野国の史生《ししょう》鳥取氏であるという説もある。藤原氏と称し、系図では二代ともに母系を鳥取氏としたというのである（太田亮説）。秀郷は延喜十六年（九一六）配流されたが、まもなく下野少掾に任じ、またその国の押領使を兼ねて、天慶二年（九三九）将門の乱のとき、平貞盛の副将として鎮定に向った。秀郷が武蔵・下野等の国司となり、鎮守府将軍に任じたのは、これらの武功による。

これ以来秀郷の一族は下野国佐野庄を中心として四方にはびこり、現在栃木県佐野市郊外にある唐沢山神社がその居住地あとと伝えられる。秀郷ののち子の千常や孫の千万、文脩あるいは曾孫の兼光は鎮守府将軍に任じたが、とくに文脩は下野で勇名をうたわれた利仁将軍の娘を妻とし、文行と兼光の二子を設けた。この文行がのちに佐藤・後藤・近藤・武藤など諸国に興った武士の祖先と称される(4)。まず注意されるのは、藤原秀郷六世の孫公清《きみきよ》にはじまる佐藤である。佐藤とは公清の官名が左衛門尉であり、その子孫に左衛門尉・左兵衛尉になったものが多かったため、その左をとって佐藤としたといわれる。

後に出家して西行と名乗った佐藤義清も鳥羽院に仕える左衛門尉であった。佐藤には、相模に土着した佐藤（『吾妻鏡』佐藤判官）、鎌倉以降伊豆に栄えた佐藤、常陸（『吾妻鏡』建暦年中（一二一一—一三）佐藤光季当国に所領を得）に土着した佐藤がある。下野佐藤のうちには、同国安蘇《あそ》郡佐野より起ったため、佐野の「佐」をとって佐藤としたと伝えるものもある。また阿倍氏の末なる那須氏一族池沢氏からわかれ、下野佐野郷に居住したため、佐藤氏を称したものもある。佐野郷には早く秀郷流の佐藤が住んでいたのであろう。あるいは左藤の左が佐にかわったのは、佐野に住んだためではあるまいか。いずれにしても佐藤は下野の豪族であり、それがいつの頃からか陸奥信夫《しのぶ》庄に根を張るようになった。

当時平泉には藤原基衡があってしだいに勢をもち、信夫郡をもその支配下においた。そしていまの飯坂温泉の地を根拠としたため、湯庄司《ゆのしょうじ》ともいわれ、佐藤氏は平泉の家臣として信夫郡司と大庄司を兼ねていた。

鎌倉時代の説話文学である『十訓抄』によると、信夫の大庄司季春は基衡治世のはじめ、国司（陸奥守）師綱の検注を排して基衡の一円押領をかばい、ついに国司のために斬られた。この季春の名は、伊勢佐藤の「佐藤系図」にのっていないが、元（基）治の父師治がこれにあたるものであろうか。基治は秀衡の郎等で信夫小大夫といい、母は上野国大窪太郎の娘という。佐藤が北関東の土豪と縁の深いことが知られる。基治の子は長男隆治・次男治清以下継信・忠信・重光であり、『義経記』や『平家物語』によると、継信・忠信の兄弟は義経に従って活躍し、最後は義経の楯となって散った。

文治元年（一一八五）佐藤基治は許されて信夫庄に帰った。(5) 伊勢佐藤の系図を見ると、その子孫は摺上《すりがみ》川上流飯坂を中心とする地域に大鳥の楯をかまえ、信夫庄北東部に隠然たる勢力を保持した。伝えによると、義経と佐藤基治の娘との間に生れた安居《あんこ》丸は、母方の姓を名乗って佐藤基信といい、その子孫基久は南朝方として奮戦、伊予で戦死した。他方、基治の弟師泰の子孫もまた庶流として信夫の地域に居住していたが、南北朝期佐藤十郎左衛門入道性妙（盛衡）は北朝方として働いた（「佐藤文書」）。『余目《あまるめ》記録』によると、この佐藤は宮城地方の豪族留守氏の家臣となっていた。

佐藤忠信の叔父信重は甲斐に逃れて同国日影の名族となり、継信の子は尾張の佐藤家を築いた。(6)頼朝の軍を石那坂で迎え討ち、敗れた佐藤基治の叔父河辺太郎高経の本拠は福島市須川の南にある郷野《ごうの》目《め》であり、刈田《かった》郡円田の築館城も居城と伝える。また伊賀良目《いからめ》（五十目）七郎高重の館も福島市五十辺《いからべ》、信夫山の東麓にある。置賜郡佐氏泉（花沢の東南）は、佐藤正信の宅址と伝え、継信・忠信はここに生れたと伝えられる。相馬郡（宇多郡）磯部にも佐藤氏があり、南朝に属した。(7)田川郡酒田にも寛治年中（一〇八七—九四）佐藤某があり、酒田二郎と称したという。刈田郡青根温泉の佐藤など、古来湯守として知られる旧家に佐藤姓が多い。(8)

信夫佐藤氏の子孫と称するものは、このほか会津・相馬・石城・安達にも移り住んでいた。陸奥本吉郡の佐藤氏は、次（継）信・忠信の兄で惣領となっていた七郎の系統、頼朝の奥州討伐の際、藤原氏の一家であった関係から、難を避けて阿武隈川を下り、伊賀郡西根川張村に土着した。その子孫は伊達政宗のために働いた十一騎の一である（『安永風土記』）。

秀郷流では、さらに親清の子義通の流れを酌む首藤・須藤がある。

須藤・首藤・周藤・寿藤・守藤いずれもストウ、スドウとにごることもある。主藤ないし首藤は主馬首から出たという説もあり（『尊卑分脈』）、また守部氏の裔で、守部氏の守と藤原氏の藤を採って守藤としたという説もある。首藤では山内首藤が有名であるが、須藤がいちばん多い。この須藤の須は、下野那須郡の須であるともいわれる。

藤原利仁の流れ

秀郷流と同じく北家の魚名の末で、北陸に勢を振るったものに藤原利仁の流れがある。利仁は藤原時長の子、母は越前敦賀《つるが》の豪族秦豊国の娘、この地の長者藤原有仁の婿となり、養家の勢力を背景として北陸一円に大きく栄えた。『宇治拾遺物語』に、利仁が貴族の家に仕えていた同僚を有仁の家につれて行き、いもがゆを腹いっぱいに食べさせた話がのっている。

藤原利仁は、上野介・下野守・武蔵守を経て延喜十五年（九一五）鎮守府将軍となった。利仁に三人の子があった。嫡男叙用《のぶもち》は越前にあって斎藤を称し、次男は加賀にあって富樫《とがし》、三男は越中にあって井口を称した（『源平盛衰記』）。斎藤とは、叙用が斎宮頭として、伊勢神宮に奉仕する未婚の皇女または王女の世話をする斎宮司の長官に補せられたためである。

叙用の子孫からは、さらに林・豊田・富樫・後藤・進藤・竹田・疋田・千田・熊坂・鏡・吉原・河合・長井・勢多・赤塚の諸氏が分出、全国的に繁衍した。つまり斎藤はこれら諸氏の宗族であった。斎藤別当実盛は平治の乱に義朝に従軍、のち平家に仕え、寿永二年（一一八三）の頃重盛の所領武蔵国幡羅郡長井庄に居住した。『平家物語』の実盛の最期を述べたくだりに、「実盛もと越前国の者で侯しか共、近年御領につゐて武蔵の長井に居住せしめ候き」と記している。斎藤はこうして北国から関東にかけてひろがった。(9)

叙用の次男吉信は、加賀にあって加賀介となったため加藤を称したが（『尊卑分脈』）、吉信の孫為延は越前など北陸七ヵ国の押領使となり、疋田斎藤の始めとなった。為延の子為輔は修理進であったため進藤を称し、伊勢に多く分布した。後藤は伊博《これひろ》の長子河内守公則から出た。公則は後二条関白に仕えて家司《けいし》となり、また備後守・肥後守となった。後藤の名字は備後・肥後の後から起ったといわれる。子の則経は河内の坂戸を領して坂戸判官といい、前九年の役に頼義に従って奥州に転戦、猛将をもって知られる。

加藤の姓には種々のものがあるが、この藤原利仁流がもっとも多い。叙用の次男吉信の子孫は加賀介をついで加藤景道に至った。景道は頼義に従い、前九年の役に軍功があった。その孫景廉《かげかど》は頼朝の制覇に功があり、伊勢・伊豆をはじめ美濃・三河・甲斐など東海地方にひろがった。伊勢では安濃郡と河曲《かわわ》郡が中心となり、加藤景道の二子景貞が伊勢の目代職《もくだいしき》として伊勢加藤の祖となった。尾張の加藤は藤原道長の出といわれ、愛知郡に多く、賀藤《かとう》ともいわれる。

なお秀郷流や利仁流のほか、藤原南家の流れに工藤がある。これは平将門の追討に功のあった常陸介藤原惟幾《これちか》の子為憲が木工助《もくのすけ》（木工寮の次官）であったところからとなえられ、伊豆国の押領使として伊東の地にあり、伊東氏を称し、その門葉は伊豆の狩野《かの》・河津・曾我・宇佐美・牧・原口など、大いに栄えた。

平　氏

桓武天皇の曾孫高望《たかもち》王が寛平元年（八八九）平姓を賜わり、上総介となってから、その子がそれぞ

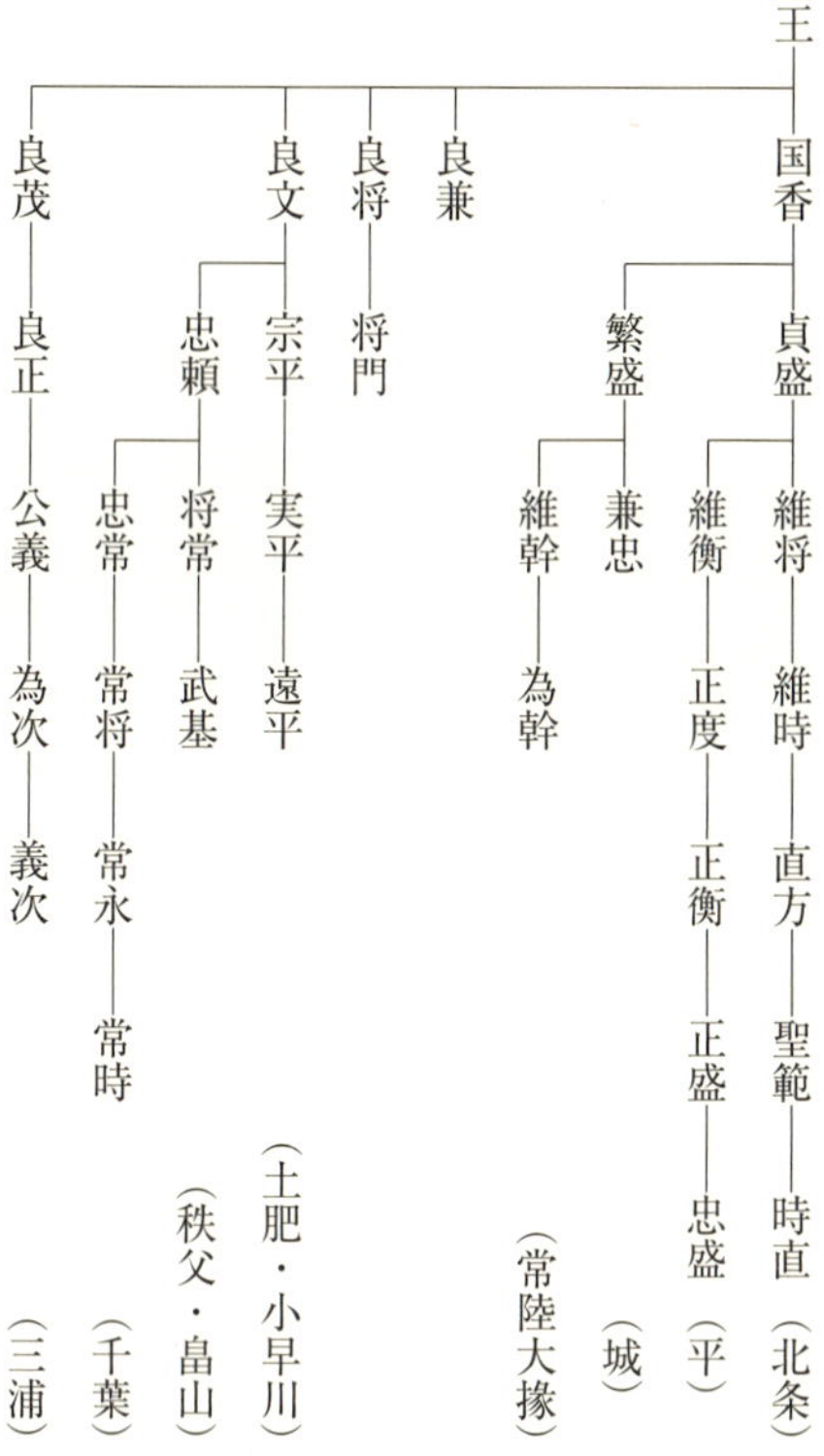

（平氏系図）

れ関東東南部にひろがった。良望（一名国香）は常陸大掾、良兼は下総介、良将は鎮守府将軍、良文は村岡に住み、良茂（持）は常陸少掾となった。ところが良将の子将門が乱をおこして、伯父の国香を殺したため、国香の子貞盛は藤原秀郷とともにこれを平らげ、良将の系統はおとろえた。

これに対し、貞盛の末は武門平家の嫡流となって、忠盛・清盛を生み、良文と良茂の系統は関東一円に勢威を振るった。すなわち前者には土肥・秩父・千葉の諸氏があり、後者には三浦・鎌倉の諸氏があった。畠山・小山田・稲毛・河越・渋谷・江戸・豊島の諸氏は秩父一族、大庭・梶原・長尾・俣野等の諸氏は鎌倉一族であった。

三浦氏は三浦郡衣笠《きぬがさ》を中心にひろがった大族である。この祖為次（継）は後三年の役に義家に従軍し、その子義次（継）は三浦庄司であった。義次の子義明は相模大介であり、天治年間（一一二四—二六）以来「相模国の雑事」をつかさどり（『吾妻鏡』正治二年（一二〇〇）一月、承元三年（一二〇九）十二月）、その子義澄は頼朝から相模の「検断事」を沙汰するよう命ぜられた（同上）。こうして三浦氏は代々三浦介を称し、相模の国務をにぎり、義明以来一族は郡内の津久井・葦名・大田和・多々良・長井・佐原・和田・三戸・山口などに分布し、衣笠の惣領を中心に一族かたく団結していた。和田にいたのが和田義盛である。なお義明の弟義実は大住《おおすみ》郡岡崎に館をかまえて岡崎氏を名乗り、その子義忠は同郡真田に住んだ。

源　氏

嵯峨・清和・宇多・村上・花山の諸天皇からわかれた諸源氏があるが、このうち地方武士として発展したのは、清和源氏を第一とする。嵯峨源氏からは摂津の渡辺党、肥前の松浦党、宇多源氏からは近江の佐々木氏が現われている。

清和源氏の関東進出は平氏や藤原氏のそれにくらべるとずっとおくれている。清和天皇の孫経基王が源姓を賜わり、承平年間（九三一—三八）武蔵介として下り、その孫頼光に至って東国に根をおろした。ついで頼光の弟頼信が平忠常の乱を平らげ、その子頼義・義家のときに、東国における地位が決定的になり、鎌倉権五郎景政や三浦平太郎為次など平氏の一党その他土着の武士がこれに従った。

『保元物語』によると、保元の乱に義朝に従った武士は、関東八ヵ国にわたり、相模では鎌倉・大庭・山内首藤・海老名《えびな》・秦野《はたの》・荻野の諸氏、武蔵では武蔵七党である。

橘　氏

源平藤橘の中では橘氏がもっとも振るわないが、その中には下級貴族として地方に下り、土着したものがある。公統の系統が承平・天慶の乱に伊予国の警固使に任ぜられ、宇和郡に住みついたのはその一例である。この公統ののちの公長のとき平氏の家人となったが、のち一族をあげて鎌倉に移住、子の公業は奥州征伐の戦功によって、秋田郡内に湯河・沢内・湊（土崎）と男鹿《おが》半島の飯森の地頭職をあたえられた（「小鹿島文書」）。その地域は千葉氏にくらべると狭小であったが、男鹿半島を含む出羽国の中心ともいうべき地域を含んでいた。公義・公員は代官を送ってここを治めていたが、やがて伊予の本領を北条泰時に没収され、代りに肥前の長島庄と同国久米郷半分地頭職など四ヵ所をあたえられ、本拠を肥前に移した。秋田郡の支配は鎌倉末期には消滅している。

源平藤橘以外とくに注目すべき地方豪族

平安の末期、地方に成長した豪族の中には、地方出身のもの、中央から下った貴族で地方土着の豪族と縁組して勢を得たものなど、さまざまであるが、そのうちとりわけ注目すべきものについて述べて見よう。

まず九州では、豊後の緒方氏がある。

豊後国には大友氏入部以前、有力な在地武士として、大神《おおが》一族・清原一族・大蔵一族および宇佐の神官があった。このうち清原・大蔵の両氏のよった日田《ひた》・玖珠《くす》両郡は、地形的には山間部に位置していたため、一族の発展はほぼ郡内に限られていた。北部国東《くにさき》・速見の両郡は宇佐の神官の支配下にあり、都甲《とこう》・真玉両氏のように神官を背景にもつものの発展を見たが、比較的小領主の分立を見た。

これに対し、緒方・大野・阿南《あなん》以下の大神一族は、大野・大分両川の流域を含めた平野部を抑え、日向北部から豊後南半一帯にめざましい発展ぶりを見せている(10)。

大神氏については、その始祖大神惟基《これもと》に関し、『平家物語』『源平盛衰記』や諸系図に三輪の大蛇伝説と同系の神婚談をのせて、その強勢振りを謳っている。この伝説によると、祖母《うば》山の大蛇との婚によって生れたのが惟基であり、尾形の三郎惟義はその五代の孫であった。「蛇の子の末を継ぐべき験《しるし》にや有けむ。後に身に蛇の尾の形と鱗との有ければ、尾形の三郎と云」ったという。この伝説は祖母山をめぐる各地に残されており、いずれも九州第一の高峰中央にそびえる祖母山と結びつけているにもかかわらず、主役となる娘については、その父の長者をあるいは日向国塩田の大太夫とし、あるいは豊後大野郡の大領庶畿《これき》とか、同国日田郡の赤雁《あかかり》大夫であるとする(11)。

大神氏一族の系図は、家系によってそれぞれ異なり、その根拠地も一致していない。このことは大神一族を称する日向国臼杵《うすき》郡の高知尾《たかちお》（三田井）、豊後大分郡の阿南・植田（のち植田《わさだ》となる）・戸次《へつぎ》、大野郡の大野・緒方・直入《なおいり》などいずれも庄郷名を名乗るそれぞれの家が自己を一族の中心におくほどに独立の自覚をもって分立しており、惣領の権限によって一つに結ばれた集団でないことを示している。

この大神一族[12]が歴史上重要な役割を果すのは、源平争乱期である。平家の都落ちとともに、豊後の緒方惟義を中心に、平氏を大宰府から海上に追い出し、さらに源範頼の渡海を助けて、九州統治の道を開いたが、文治元年（一一八五）の義経の叛に従ったために没落した。このときは彼の直接の親子兄弟のみが従い、三田井・阿南・植田・直入などの大神系やこの地の土豪は行をともにせず、あとまで残った。こうして大神一族は、尾形・緒形・緒方・小方等の名字をもって、九州各地に繁衍した[13]（福田豊彦「豊後国における大友氏の主従制」『初期封建制の研究』所収）。

大宰府府官の有力者、原田種直は大蔵系図によると、藤原純友の乱のとき、追捕使主典《ついぶしさかん》として下向した大蔵春実の子孫であり、大宰府近傍の原田・岩門《いわと》一帯を根拠として累代、大・小監に任ぜられた。保元元年（一一五六）当時、原田種直をはじめ、大蔵一族の勢力が九州を圧していたことは、宇佐宮造営のための九州各国の支配者に、肥前国拒捍使《きょかんし》大蔵朝臣種経をはじめ、肥後・豊後・豊前各国の拒捍使貫首に大蔵流原田の一族が名を連ねていることによっても十分うかがい得る。原田種直の所領の規模は雄大であった[14]。

高木は高城より起る。名称は全国にあるが、肥前の高木氏はことに名高い。高木氏は佐賀郡古国府の南郊高木村に起り、在庁官人として、菊池・大村と同祖、藤姓隆家から出たといわれる。紋章も同じ日足紋である。肥前の間に繁衍し、草野・竜造寺の二流もっとも大きく、上妻《うわづま》・北野等もここから起った。しかし肥前国佐嘉《さか》御領内小地頭十四名主のなかに高木氏を名乗るのは、竜造寺氏の祖の季家のほか宗忠がいるのみであり（「竜造寺文書」一）、このほか河上社座主職を押領した高木宗家もあるが（「河上神社文書」）、たがいの族的結合の様子はわからない。

菊池は刀夷《とい》の賊を退けた大宰権帥《ごんのそち》隆家の子孫といわれるが、最近、隆家とともに奮戦した府官藤原蔵規《まさのり》の子孫であることが判明した。肥後菊池郡に住んだ則隆《のりたか》から起る。その末から米良《めら》・詫磨《たくま》両氏のほか、小名《おな》・黒木・甲斐などの諸氏が分出した。鎌倉時代から戦国のはじめまでこの地方に領主として臨んでいたため、菊池の一族は各地にひろがった。瀬戸内海から紀伊半島にかけて菊池氏は海賊としても活躍したといわれるが、東北・信濃等に移って農業に従事した菊池氏には菊地と書くものがあり、菊池の没落によって亡命したものも少なくない。

鈴木は、数ある日本の姓の中でももっともその数が多く、また広い分布を示している。この鈴木は紀伊国牟婁《むろ》郡熊野の新宮から起っているが、のち海草郡藤白湊にある熊野の王子社の神官となり、その地の神領の地頭として一族大いに栄えるようになった。藤白湊は熊野街道に沿うた要地、その王子社には熊野第一の大鳥居があり、鈴木の屋敷はいまもそこに残っている。

『熊野権現縁起』によると、第五代孝昭天皇のとき、紀伊国の山奥千尾の峰に神人が竜に乗って現われた。一人の男が進み出て、十二本の榎のもとに神を勧請したので、神は榎にちなんで、男に榎本の姓を賜わった。その弟はまるい餅をつくって神に捧げたので、神はまたこれにちなんで丸子《まるこ》（のちの宇井）の姓をあたえた。第三の弟は稲の穂を奉納したので、これに穂積《ほづみ》の姓を授けた。この三人は漢から来た司符将軍の末孫だという。

この伝説は、鈴木・宇井・榎本という熊野神人の三旧家を結びつけるためにつくられたものであるが、鈴木氏はのちしだいに榎本・宇井の両氏をおさえて熊野社家の中心となった。

『義経記』（とくに高木本）によると、三十六代鈴木重国は縁あって源家に属し、義朝に近習した。義経がまだ舎那王《しやな》といったとき、熊野詣して鈴木の館に逗留したが、このとき義経扈従《こじゆう》の士佐々木秀義の六男亀井六郎重清をして、重国の一子三郎重家と兄弟の誓いを結ばせた(15)。鈴木三郎は頼朝から所領まで賜わっていたが、妻子を熊野に送り、義経が自害をする直前、はるばると義経の身を案じて、熊野から平泉にかけつけ、義経から鎧をもらったという(16)。

このように義経討死の話に弁慶や亀井六郎だけでなく、さらに鈴木三郎重家を登場させたのは、熊野側の義経びいきにこたえるためであろう。平泉の地には早くから天台熊野の修験が進出していた（角川源義『源義経』）。熊野の信仰は平安末期になると、太平洋岸を北上して、陸奥にまでひろがっていたと思われる。それはただ信仰ばかりでなく、すぐれた漁業の技術が熊野の沿岸に育ち、それが熊野の漁師によって各地にひろがっていったこととも関連があろう。熊野の水軍も、源平の合戦から南北朝の内乱にかけてその名をとどろかせたものであった。鈴木党はまた水軍としても活動していたから、義経・頼朝をはじめ、守護・大名はこれを利用したものと思われる。

鈴木一族の発展としては、まず三河の猿投《さなげ》神社が注目される。鈴木重善は義経の没後法師になって善阿弥と称し、承久元年（一二一九）三河高橋庄に来て、矢並の里に住み、猿投山に熊野三所の神を勧請した。猿投神社本地堂には鈴木善阿弥の木像がある。『寛政重修諸家譜』によると、この家は鈴木重家の曾孫重信の後であり、当国には鈴木氏五十八家があったという。遠江の鈴木氏も一宮小国社神主家、当地方の名族で、元亀年中（一五七〇—七三）神主鈴木豊前守藤原重勝が見える。駿河庵原《いおはら》郡御穂神社の神主も鈴木三郎の系図・具足・太刀を所蔵している。(17)

しかし東海地方でもっとも有名なのは、伊豆田方郡江梨村（西浦村三島付近）の豪族鈴木氏であった。建武年中（一三三四—三八）鈴木重行がこの地に来住ともあり、鎌倉公方に招かれたともある（『増訂豆州志稿』）。この一族の鈴木兵庫助繁宗は北条氏に招かれて船手の大将となった。

関東では武蔵豊島村の神主鈴木権頭光景が藤白湊の鈴木氏の裔、その先祖二郎左衛門重尚は元亨年中（一三二一—二四）王子村に来り、豊島氏と相謀ってこの神社を造営したという。橘樹《たちばな》郡堀之内村山王社の神主鈴木氏も、先祖は紀州熊野社より出たものと伝える（『新編武蔵風土記稿』）。常陸でも鈴木氏は繁栄しているが、安房・上総・下総でもくまなく散在、下総では東葛飾郡関宿の代官に鈴木氏があり、その他香取郡・匝瑳《そうさ》郡にもこの一族が多く、葛飾郡八幡神社・匝瑳郡松山権現・香取郡松沢熊野権現など、神社の神官に鈴木氏が多い。これはこの地方に熊野の神領があったこととも関連することであろう。(18) すなわち下総匝瑳郡匝瑳南庄（『吾妻鏡』文治二年（一一八六）三月十二日）、上総畔蒜《あひる》郡畔蒜庄（同文治二年六月十一日、「平群系図」）に熊野社があり、安房平群郡の群房庄（同建久六年（一一九五）七月二十四日）に永暦元年（一一六〇）後白河法皇が京都に創建した新熊野社の社領がある。

陸奥では、石巻・牡鹿《おじか》・桃生《ものう》・本吉の各郡海岸地方に鈴木姓が多く分布しているが、とりわけ塩釜神社の別宮一禰宜以下に鈴木姓のあったことは注目される（『余目記録』『留守家分限帳』）。陸中江刺郡片岡村多門寺の薬師堂は、正治年中（一一九九—一二〇一）鈴木重家の子重染の創建といい、胆沢《いざわ》郡白山村の鈴木家は大室《おおむろ》屋敷といわれるほどの旧家、本吉郡唐桑の鈴木家も鎌倉以来の旧家で大肝煎《きもいり》をつとめ、大網主として知られる。なお北上・鳴瀬などの大河川の流域にも鈴木姓が比較的多い。三本木地方では上流の宮崎に早くより玉造・志田・遠田・栗原・加美等のいわゆる大崎五郎の総鎮守である熊野神社が勧請され、またこの下流沿岸にも数多くの熊野神社がある。

なお宇井氏も鈴木氏とならんで各地の熊野権現社の祠官となっているが（下総香取郡松沢村熊野権現社『寺社分限帳』）、さらに榎本氏も熊野新宮党として勢力があった。『紀伊国続風土記』三方社中の条に、「社僧に榎本慶蔵坊・榎本大円坊」と見える。この家は天正年中（一五七三—九二）の頃に断絶し、宮社もことごとく兵火にかかった。地方では、三河の宝飯《ほい》郡大宮神社の旧社家に榎本氏があるが、この大宮神社は『吾妻鏡』所載の熊野領蒲形《かまがた》庄に勧請した神社である。その他武蔵・甲斐など古くから榎本氏が移住している。

〔補註〕

（1）漢民族の間では、非常に沢山の人が存在した王・張・李・趙の四つの姓を四大姓といった。源平藤橘の四姓も、これにならったものであろう。

（2）神護景雲三年三月の改氏姓では、数十人に上る現地土豪層の、しかも大伴・毛野・阿倍といったような中央名族への改氏姓を陸奥国造道嶋宿禰嶋足という在地大豪族が媒介した。

（3）山口県では藤の字が上についているものが多い。

（4）江戸氏は秀郷流氏族で河辺郡にあり、水戸地方を中心とする。

（5）基治は石那坂の戦いで戦死した。この佐藤庄司は継信の子の義信か。

（6）継信系の佐藤氏は山形県東田川郡余目町宮曾根→信夫→宮城郡和久屋（湧谷）城→玉造郡柏山→飽海郡と移った。

（7）相馬地方は相馬藩の侍のうち約二〇％が佐藤氏の流れをくむ侍であって、全国でも珍しいほど佐藤氏の集まっている地方である。伊達政宗に追われて相馬藩に移ったものが多い。

（8）宮城県本吉郡馬籠も庄司の妻の沐浴の地である。ここも佐藤一族が栄えた。

（9）このうち、加賀の石川郡・拝節郷を本拠とするものが林、富樫郷を本拠とするものを富樫という。いずれも肥沃な石川平野を地盤として豪族化し、源平争乱の折には、加賀国能美郡から石川郡にかけ、利仁を祖とする在地領主の藤原氏の一流が根をおろしていた。

（10）大神氏の一族は祖母山・高千穂から日向・豊後にまたがって分布し、ことに五ケ瀬川・大野川・大分川の流域から豊後水道域にかけての地にひろく蟠踞したようである。

(11) 十一世紀中頃に宇佐宮では宇佐氏が大宮司職を独占したために、大神氏は豊後に逃れ、神領緒方郷を起点として隣郷の大野郷を中心に豊後国大野郡領を押え、これを中心に各地の郡領に入って行った。その一環として由良宮大宮司職を獲得している。

(12) 大神は福岡県に多い大賀とまったく同じである。

(13) 大神一族を称する者には、日向国臼杵郡の高知尾（三田井）、豊後国大分郡の阿南・植田・戸次、大野郡の大野・緒方、直入郡の直入などがある。

(14) 「原田文書」元弘三年の史料によれば、原田氏の一族三原氏は鎌倉末期、原田種直五代嫡孫筑後国三原左衛門太郎入道仏見という軍忠状を出しており、また種昭も種直五代の孫としている。

(15) 鈴木宗家である藤白鈴木家新宮鈴木盛基の二男である重房より七代の孫を重倫といい、彼には二子があって、兄を鈴木三郎重家、弟を亀井六郎重清という。源義経が熊野に詣でた際、重倫の家に滞中、重家・重清兄弟ともに主従の約をしている。

(16) 鈴木重家は叔父七郎重善とともに難に赴いたが、重善は三河矢矧駅に至り脚疾となり、そこで休養中に高館城が落ちた。そこで重善は薙髪して善阿弥と称し、奥州へ下りあとを葬ったあと、三河の里人の請うままに母の里の奥なる猿投山に熊野権現を勧請した。その子孫を三河鈴木という。重善の弟八郎重定も高館の難に赴かんとし、途中宇都宮朝綱のためにはばまれた。

(17) 鈴木姓は多く重の名乗りをつける。紋所はみな「稲の丸」であった。また鈴木の姓は、尾張鈴木・遠州鈴木・千葉鈴木・仙台鈴木といわれるように、この五つの地域にとりわけ多い（鈴木武樹『地名・苗字の起源』）。

（18）房総の海岸を歩いて見ると、確かに熊野神社が点在しており、しかも祖先が黒潮に乗って渡来した紀州人であると伝えられる漁家で、鈴木という家が数多く見受けられる。

五　初期の武士団と名字・紋章

武士の族的団結

平安末期から鎌倉時代を通して武士は族的団結の中心として、先祖相伝の本領を保持し、これを名字地として尊んだ。先祖の墓地も、一族の神社もみなここに置かれた。一族を代表して、この名字地を守るのが、惣領《そうりょう》であった。兄弟の中の器量の仁が嫡子として選ばれ、惣領となる。嫡子以外の者を庶子といい、この嫡子と庶子が中心となって、兄弟の共同体がつくられ、さらに一族がその兄弟の共同体をかこんで一族共同体をつくっていた。このような同族団を惣領制的な一族とも名字を共通にする名字族ともいう。妻は里方の名字を名乗り、夫婦別産である。

この惣領制的な同族団は、その規模の大小により、また社会的地位の高下によって、名字として名乗る地域名にも大小があった。その領主が荘官であるときには荘園の名がとられた。畠山庄司は畠山を名字とし、新田庄下司は新田を名字とした。郡司となったものも同様である。庶子家では分割相続した荘の一部や郷の名がそのまま名字になった。若党や郎等らに至っては、さらに小字《あざ》や小さい名田《みょうでん》の名が名字となった。

当時武士は侍とよばれ、いっぱんの庶民は凡下《ぼんげ》とよばれた。(1) 侍には御家人と非御家人とがあるが、いずれも武士として馬に乗る資格をもっていた。しかし武士としての身分はどのように保証されているのであろうか。普通将軍の御家人になるには、将軍にお目にかかる見参《げざん》の儀式があるが、平家追討の際は、御家人増加の必要があったため、源氏の軍に加わったものに対し、その名字を記載した「交《きょう》名、注進《みょうちゅうしん》」が鎌倉殿の見参に供されただけで、御家人たることが許容せられた。御家人となるものは、必ずその名字を確認してもらう必要があったのである。『吾妻鏡』元久二年（一二〇五）閏七月二十九日の条には、伊予国の御家人三十二人の名字が下し文の端にのせてある。御家人ばかりでなく、武士は元服に際して、その名字をつけるのが、その頃のならわしであった。『曾我物語』に、

一まんは十三さいになりにける。（中略）ひそかに元服して継父《ままちち》のみやうじをとり、曾我の十郎すけなりと名乗りける

とある。対戦の際には、勲功ある祖先からの系譜を名乗るいわゆる氏文《うじぶみ》読みがおこなわれた（『源平盛衰記』二七、信濃横田河原の戦）。

名字は武士の特権

侍の身分を示すものとして、名字があるとすると、(2) その武士の従者である家子《いえのこ》・家人《けにん》ないし郎等（郎従）はどうであろうか。家子は本来は一族一家のもののことであり、郎従は幕府の陪臣として、法律上も任官ができず、侍と座席を異にする。郎従はまた家人ともいわれる（『高野山文書又続宝簡集』）。

この家子と家人の区別についてよく引かれるのが、『常陸大掾伝記《ひたちだいじょうでんき》』である。これには、

家ノ子ト云ハ、本領ヲ持タル名代ノ人奉公スルヲ家ノ子ト云也、一家ノ端ナレドモ、本領重代ノ名字懸ル所無人ハ家ノ子トセズ、是ヲ家人ト云也、

とある。これについてはいろいろの解釈はあるが、私はこれを、「家人が一族の待遇を受けていることは確かであるが、家子とちがって先祖相伝の名字地を分与されなかった。したがってまたその一族の名字を名乗ることは許されなかった」と解釈したい。(3) 家人と郎従とはこれを一つに見る表現(『高野山文書又続宝簡集』)と、別とする表現(『吾妻鏡』元暦元年(一一八四)九月)とがあるが、郎従にも三浦氏の郎従大屋家重のように、御家人に対し所領について争うような有力なものも現われた。非常事態には馬に乗り、武装を整えた騎士として出陣したことは、蒙古襲来の際の人馬兵具注進状などによって知られる。中間《ちゅうげん》と呼ばれるものも出現した。「禰寝《ねじめ》文書」を見ると、南北朝内乱初期に名字をもたなかった中間が、後期には堂々たる名字をもって出陣している。(4)

大友能直《よしなお》の未亡人深妙尼がその子志賀能郷と兄の詫磨《たくま》氏との争いをなだめた言葉に、「せんなき下臈どもの申候はん事につきて」(『編年大友史料』四六七、河合正治「武士団の構造」岩波講座『日本歴史』中世1)といっているのは、下臈は祖先をもたず、したがって名字をもたないことをさすのであろう。名字をもたない下臈もやがて名字をもつほどに向上をはじめたのである。

家紋と名字

初期の武士団は名字地を中心として結束し、そこに従来の氏とは異なる新しい一族を形成した。各武士団は弓馬の術、武具の作り方をはじめ、狩猟の際に山神に備えた箭祭《やまつり》餅の食べように至るまで、それぞれ祖先以来の独特の伝統故実をもっていた（河合正治前掲論文）。このような事情は武士の紋章の上にもよく現われていた。

家紋は名字とともに起り、名字の固定とともに定型化した。名字が惣領制的な家族の形成に伴って現われたように、家紋もそのような特定の一族ないし家の標識として使用されてきた。これを公家について見ると、公家は平安の中頃から日常に使用して輿《こし》・車や衣服にその人の好みの文様《もんよう》を用いていたが、これは参内・退去・見物などのときの争いを避けるためにも必要であった。

しかし藤原氏は別に一族の総目印ともいうべき紋章をもたなかった。藤原氏が藤丸の紋章を用いたというのは誤りである。『雲上明覧《うんじょうめいらん》』によると、藤原氏から出た九十七家の中で、藤丸紋を用いたのは七家だけであったという（沼田頼輔『日本紋章学』）。藤原氏の嫡流である近衛《このえ》・鷹司《たかつかさ》・九条の三家は、いずれも牡丹紋を用い（『玉葉』）、各分家はみな独自の家紋をつくっている。西園寺家の家紋は寛治五年（一〇九一）、徳大寺家の家紋は永長年中（一〇九六—九七）の頃につくられた。この点からいっても、公家の場合、家紋はその称号が定着化したときに起ったといえよう。

武家の家紋

武家の家紋の成立は公家よりややおくれるが、普及の度は公家よりはるかにいちじるしかった。この場合、家紋は源氏や平氏というような姓の目印として用いられたものではない。したがって桓武平氏や清和源氏のような著姓には、その姓の総目印である家紋は存在していない。

源平合戦のころには、源氏の白旗、平家の赤旗と大別し、赤・白の敵味方の区別さえつけば事足りた。しかし頼朝が天下をとると、源氏の嫡流としての権威を高めるために、その部下に伝来する白旗にはいろいろなものを付け添えさせて区別した。佐竹氏に月を描いた扇を、畠山氏には小文《こもん》の藍皮をつけさせたのは、その一例である。戦場をはせめぐる武士の一党にしても、混乱をさけ、敵味方を識別し、自分の働きを記憶させるため、とりわけ戦功を正しく認知してもらって他日の恩賞に預かるため、他氏とちがった標識を武具や笠印・旗・幕などにつける必要があった。(5)『源平盛衰記』によると、当時武士の中で家紋を用いたものは、熊谷・児玉の二氏のほかひとつも見当らなかったが、のちにはほとんどの武士が自分の家紋を用いるようになったという。

平氏の出である三浦・千葉・畠山などの諸氏も、源氏の出である武田・佐竹・土岐などの諸氏も、鎌倉中期までにはほぼその家紋を定着させるようになった。鎌倉幕府の創立以後相ついで起った奥羽の遠征、承久の乱はこの傾向をいっそう推進したものと思われる。

家紋の発達は、名字の定着よりややおくれるが、この二つは武士の族的結合の上に常に密接な関係をもって起ったものであった。『吾妻鏡』寛喜二年（一二三〇）二月三十日の条によると、鎌倉で騒動が起ったとき、変を知って幕府や執権泰時の邸に集まった武士たちは、いずれもその旗を持参した。

泰時はこれを呼んでその旗をいったん預かり、翌日旗を注文にまかせて持主にかえした。これらの旗にはいずれも持主の目印である家紋が描かれていたことが想像できる。(6)

文永・弘安の役には、西国の武士はみなそれぞれに軍旗を制定し、その旗の下に行動した。その中で、竹崎五郎季長《すえなが》は三目結《みつめゆい》で吉文字、大宰少弐景資《だざいしょうにかげすけ》は四目結《よつめゆい》の紋章をつけていた。(7)

家紋は一族ほぼ共通のものを用いるが、惣領家と庶子家では、そこに多少の差違をもたせるのが普通である。たとえば、藤堂家の本家が、「蔦《つた》」「酢漿草《かたばみ》」を家紋とするに対し、支流（伊勢久居藩主）は「丸に蔦」「丸に酢漿草」と、本家・支流の区別を「丸」で示している。旗本の藤堂家は、酢漿草を用いるが、蔦は用いていない（進士慶幹・加藤秀幸『日本の家紋』）。土佐の岡内氏など、蝶を家紋としていたが、嫡子はその外部に円を用い、二男以下は五角形の輪郭、女は五窠《ごか》を用いた。また嫡子はただ日の丸を用い、二男以下は扇に日の丸を用いた。

これは、惣領家が特定の名字を独占し、庶子家がそれと同じ名字を遠慮し、多少の相違をつけたりするのと同じ傾向で、南北朝内乱以後にいちじるしくなった。(8)家康が天下をとると、三葉葵《みつばあおい》巴紋の権威が高まり、他氏はもとより、同族の松平氏にも葵紋使用の憚り、遠慮がなされ、伊奈氏などには使用禁止が命ぜられている。(9)

家紋と信仰

武士の家紋のうちまず注意されるのは、武士団の族的結合の精神的紐帯ともいうべき氏神の信仰と密接に結びついた家紋の多かったことである。それはまた一族護持の象徴ともいうことができよう。

熊野信仰を背景として竹柏・鳥・幣・稲などの紋が用いられているが、なかでも穂積氏は、『源平盛衰記』に、熊野権現に稲をすすめたため、穂積姓を賜わったとあり、その三男の鈴木もこの関係から稲紋を用い、全国にひろがった。伊豆山権現や熊野権現の神木とされる梛《なぎ》も、鈴木・諏訪部などの諸氏に用いられている。

梶《かじ》は楮《こうぞ》と同じく紙の原料となる桑科の植物、その葉は柏とともに、神饌を盛る器として用いられ、諏訪社の神紋として、諏訪社の神官や諏訪付近の武士の発展とともにもっとも広く分布した。『吾妻鏡』（治承四年（一一八〇）九月）によると、諏訪の大祝篤光《おおほうりあつみつ》が、源氏のために祈禱していると、梶葉紋の直垂《ひたたれ》を着た一騎の武者が、源氏の味方に馳せ向うのを夢想したとの記事がある。この紋はやがて信州一帯にひろがった。

葵《あおい》の紋は京都賀茂社の神紋である。三河から伊豆にかけて賀茂社の御厨が多く分布していたため、本多・伊奈・島田・松平など、この地方出身の武家はいずれも葵を家紋にしていた。徳川家も、在地に賀茂社の神領があったためか、その神紋を家紋としている。

平良文流の出である千葉・相馬・豊島などの氏族が月や星をもとにする紋章を用いたことも注意される。それは良兼・良文等が力をあわせて将門を討ったときのこと、将門に攻められて生命の危くなったとき、北斗七星・妙見菩薩がその前に現われて、危難を救ってくれたとの由緒によるものである。

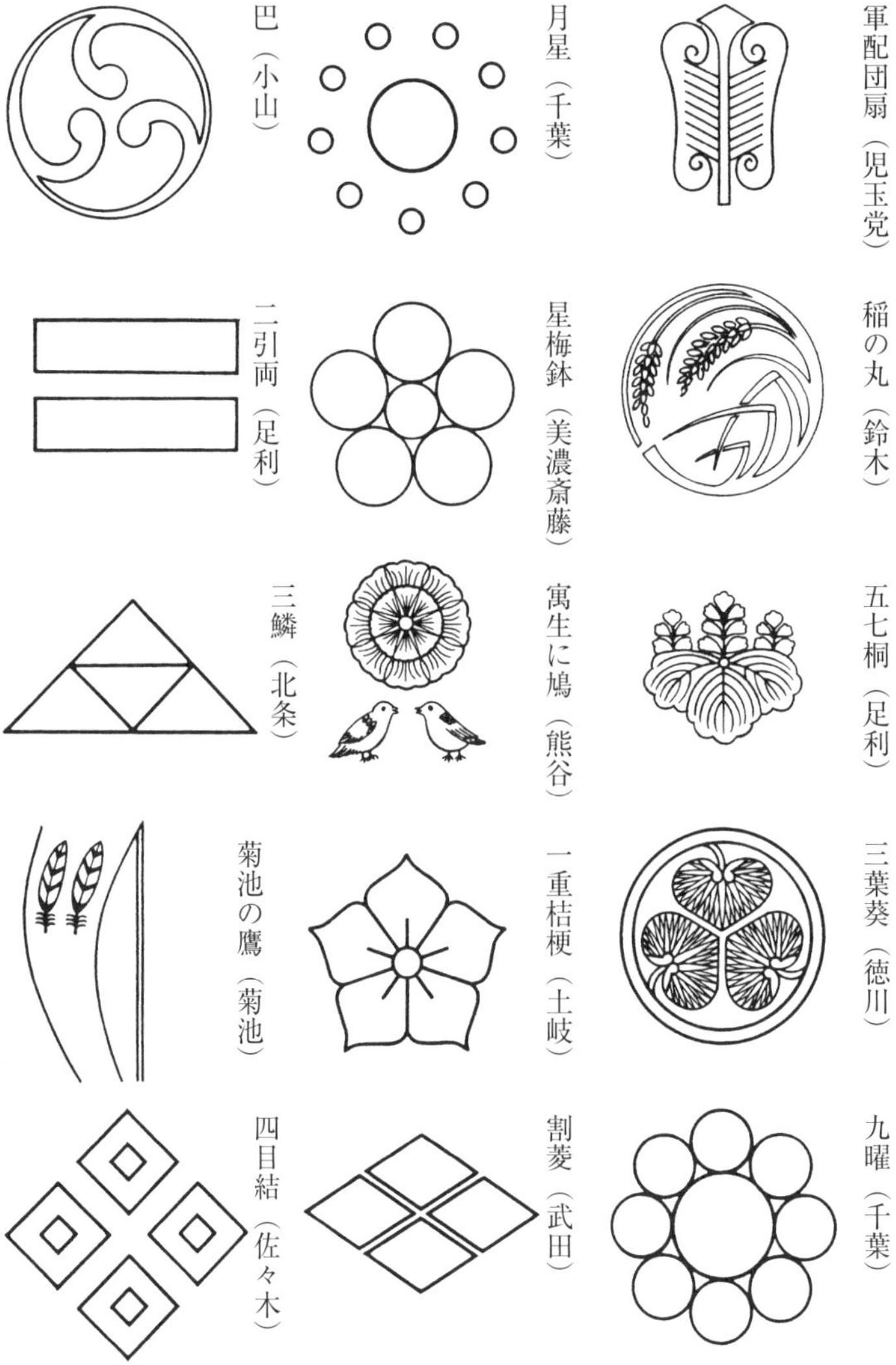
軍配団扇（児玉党）
稲の丸（鈴木）
五七桐（足利）
三葉葵（徳川）
九曜（千葉）
月星（千葉）
星梅鉢（美濃斎藤）
寓生に鳩（熊谷）
一重桔梗（土岐）
割菱（武田）
巴（小山）
二引両（足利）
三鱗（北条）
菊池の鷹（菊池）
四目結（佐々木）

家紋のいろいろ

この流に属するものは、その居住地に必ず妙見菩薩を勧請して延命長寿・怨敵降伏などの祈禱をさせただけでなく、その世継の元服式は必ず妙見の祠の前でおこなった。この場合、千葉氏の嫡流は月星をかたどって家紋とし、庶流は諸星・七曜・九曜をもって家紋とした。

梅鉢紋や梅花紋は星の九曜・六曜などの影響を受け、菅原道真をまつる天神信仰と深い関係がある。菅原氏発祥の地大和を中心とし、菅原氏出身の者、天神信仰をもつ人々によって用いられた。戦国時代、この国に勢力を伸張した筒井氏、ならびに家臣たちは梅鉢を家紋とした。美濃の斎藤氏は加賀が本貫で、とくに天神を崇拝した。加賀の前田、信州の飯田はその庶流、梅鉢を紋としている。(10)

鷹羽紋は阿蘇神社の神紋、阿蘇氏はもちろん菊池氏も同社を崇敬するところから、家紋とした。『蒙古襲来絵詞』にある菊池武房の幡《ばん》にこの紋が見える。武家の間に広く好まれた。

鳩は武家から崇敬された八幡神の神使とされた。寓生《ほや》（寄生木《やどりき》）に鳩紋は武蔵熊谷氏の代表紋として諸国にひろまった。熊谷郷に八幡宮の社領があった関係であろう。『源平盛衰記』に、熊谷直実が流行の寓生文様に八幡の使い鳩を加えて、自己の文様としたことが見える。

伊予大山祇《おおやまづみ》神紋、折敷《おしき》に三文字も、三島氏をはじめ、瀬戸内海の諸豪族に用いられた。

広く使われた家紋

武士団の栄えたところに、家紋のひろがりが見られる。甲斐源氏の出である武田の一族は、その家紋に菱系統の紋章を用いた。割菱・花菱・三階菱などの家紋がこれであり、これを見るとすぐにその本国である甲斐と義光流が思い出される。これに対し近江の源氏佐々木氏は四目結《よつめゆい》を用いた。足利氏の一門は二引両《ふたつひきりょう》と桐とを用い、三河中心にこの紋がひろがった。三浦半島の三浦氏は三引両《みつびきりょう》である。北条氏は三鱗《みつうろこ》を家紋とし、後北条氏も伊勢をやめて北条を名乗るに及んで三鱗を用いた。武家で巴《ともえ》を家紋としているのは、宇都宮・小山・結城の三家であり、上野・下野には巴紋が多い。土岐氏の家紋は桔梗《ききょう》、代々土岐郡に住み、一門が繁栄したため、美濃中心にこの紋がひろがった。摂津の渡辺党や、これの系統である肥前松浦の一族では、三星一文字が家紋とされている。一名将軍星といわれ、尚武の家紋としてひろまった。(11)

〔参考文献〕
『日本紋章学』沼田頼輔（人物往来社）
『日本の家紋』進士慶幹・加藤秀幸（人物往来社）
『家紋』丹羽基二（秋田書店）

〔補註〕
（1）「御成敗式目」の第十五条は謀書罪科を犯した場合、「侍に於ては所領を没収せらるべし」とし、凡下の輩に至っては「火印を其面に捺さるべし」と規定し身分的な区別をしている。
（2）「斑目文書」（鹿児島大学付属図書館所蔵）徳治二年十月の文書によると、「渋谷屋敷名田者行蓮重代私領也、而行重不譲得段歩之上者、争可被呼渋谷名字哉」とある。

(3) 名字は侍のもの（大山喬平『日本中世農村史の研究』）という。越中国石黒庄の地頭重松名について「下作人の名字を注付畢」（『鎌倉幕府裁許状集』上、一二七頁）とあるように、名字の語は必ずしも侍の名字だけをさすとはいいがたいが、播磨矢野庄の実円はみずからの家系を「名字、其隠無き侍也」と称していた。ここでは、かくれのない名字をもつことが侍身分の指標にされ、かつ御家人領の領有資格の根拠にされている。また時代が降るが、応安三年（一三七〇）に多田院で「名字有る御家人」と「凡下族」とが対置され、殺生禁断に違犯した場合、前者が所帯名田等の収公、後者が出家の後、領内追出とされている（「多田院文書」）。

(4) 若党には実名があるが、中間は仮名《けみょう》＝呼び名しかないのが普通であり、当時の身分秩序を考えることができる（佐藤進一『古文書学入門』）。

(5) 文治五年（一一八九）頼朝の奥州遠征に際して、常陸から佐竹四郎秀義が頼朝宿営の旗を構えてはせ参じたが、その旗には何の印もなく、白旗であった。それを頼朝が見てとがめ、秀義に出月《いでづき》をあしらった一本の扇を下賜して、これを旗の上につけよと命じた。このことは、一般に旗紋というものがまだなかったことを立証している。

(6) 北条泰時邸への御家人の老将三十余輩が「鎌倉中騒動」というデマに煽動されてはせ参じ、かえって泰時の訓戒に恐縮するという事件があった。その際、泰時が念のためにと各自の旗を預って、その翌日に旗を返付した。『吾妻鏡』には「旗は注文に任せて返し下さる」とある。ただし、これは紋ではない。

（7）「秋田文書」の秋田家系図（東北大学所蔵）には、「貞実、建久之比依功ニ後鳥羽院朝ニ于時朝鮮国ヨリ奇異之鷲羽ヲ献上、上皇戴テ是ノ両羽ヲ於檜扇ノ上ニ、賜フ貞秀、貞秀謹而頂戴之ヲ、古来当家ノ紋ハ獅子ニ牡丹ナリ、是ノ時改メ易ヘテ檜扇ニ真羽ヲ画テ以テ家ノ紋トナス、庶子ハ檜扇ニ鷹ノ羽ヲ画ク」とある。

（8）越後の中条茂資が尊氏から軍忠の証拠として賜わった駿苗（かたばみ）の紋を、同茂資が「此文（紋）当方に限るべきものか」としたのは、家紋を家名・系図・重代の鎧と同様に、家の付属物と明確に認識するに至ったからである。

（9）この場合、類似の家紋を使用するものがあれば咎めだてして、その由緒を問う（『北条五代記』）。伊達政宗は、その類似紋の相手が家臣であったため死罪としたこともある（「伊達成実記」上）。また分国中では同紋の小験は禁止されている（「武田信玄法度」永禄十年十月十三日）。

（10）「金鑚神社鎮座之由来記」によると、「九曜ヲ梅鉢ニ改メシハ我家ノミニアラス、小幡・奥平両家ニ於テモ改メルニ例アリ」とある。

（11）なお伊勢、伊賀に多い家紋は次の通りである。〈伊勢〉車輪紋。外宮奉納の綿帛に附し、外宮の祠官である榊原氏がこれを家紋とし、この地方の佐藤氏も家紋とした。この国のみならず、佐藤氏は全国的にこの紋章を家紋としている。佐藤氏の多くは家紋として水車紋（八本骨小槌車）を用いているが、元来佐藤氏の家紋は源氏車紋であるのに、相馬氏は平姓であるから、源氏の呼名をはばかって水車紋にしたものと思われる。従って相馬領の佐藤氏は大部分水車紋であり、伊達領内の佐藤氏は源氏車と水車紋が半々に用いられ、徳川旗本の佐藤は皆源氏車のようである。〈伊賀〉服部氏の発祥で、矢・矢筈・矢車などが家紋であった。

六　武士の移住と名字の伝播

移動の波

今日残る多くの苗字は地域ごとに特色をもつか、ありふれた地名をもとにするものであるが、その中には田中・山本・中村・渡辺・佐藤・高橋・鈴木・木村というように、全国平均に分布する約七、八十の苗字がまじっている。これをたずねると、武士団の移住によって全国化したものもあり、その点からも武士の移住を知ることは何よりの手がかりをあたえてくれる(1)。その武士の移住でとりわけ目につくのは、鎌倉幕府の成立を契機とする東国武士団の移住である。これにくらべると問題にならないほどであるが、鎌倉中期以降おこった北条氏の家臣の移住や、足利氏とその家臣の発展も注目される。また徳川氏にあっても、三河以来の本多をはじめ多くの部将が関ケ原戦後とくにとりたてられて各地の大名となり、三河から各地の城主となり、全国に発展したことが目につく現象である。

鎌倉幕府の成立

東国の武士の中には、藤原氏の一族、賜姓源氏の末裔、坂東八平氏など種々の系譜をもつものがあるが、その中でも地方武士の棟梁としてたてられたのは、国衙の留守所や介・掾などの在庁官人と郡司・押領使など律令の行政機構につらなる諸職を有するものであり、さらに荘園の代官として実力を培ったものであった。武蔵の畠山、下野の小山、下総の千葉、相模の介であった三浦、常陸の大掾など、その雄なるものであった。

源頼朝は鎌倉幕府の創業にあたって、その多くを巧みに傘下に組織し、奥州征伐その他の戦いにこれを動員した。その功労に応じ、これらの豪族は、豪族と因縁の深い国々の守護や有力な地頭に任命され、それらの地方に所領をあたえられて勢力を扶植していった。

頼朝の時代、足利氏が上総・三河の守護となり、比企《ひき》氏が加賀・佐渡・上野・越前・越中・越後、土肥氏が備前・備中・備後、三浦氏が相模のほか、紀伊・和泉・河内、佐々木氏が近江・長門・石見・出雲・越後など、大江氏が丹後、大内氏が美濃・越前・伊賀・伊勢、山内首藤氏が伊勢、武藤氏が肥前・豊前、島津氏が薩摩、大友氏が豊後の守護に任命されたのは、そのよい例である。

このうち比企氏や土肥氏はまもなくほろび、大内氏も承久の乱に加担して伊賀・伊勢の守護職を没収されるなど、守護の交代ははげしく、頼朝以来の守護にして鎌倉末期までこれを保ち得た家は、北条氏を除いて、僅かに千葉氏（下総）・小田氏（常陸）・佐々木氏（近江・出雲・隠岐）・武藤氏（筑前）・島津氏（薩摩）・足利氏（上総）・小山氏（下野）・大友氏（豊後）などにすぎない。

これらの国々にあっては、佐々木・千葉・小山のように旧領を安堵されたものはもとより、その他のものでも一族を国内の各地に分封して、その勢を張ることができたから、その氏の名字もその領国を中心としてかなりひろがったものと考えられる。またこれらの豪族は、守護の領国以外にも各地に多くの地頭職をもっていたから、それもその家の名字をひろめるのに役立っていたことは論をまたない。

守護クラスの佐々木氏や千葉氏ほどではないにしても、熊谷氏のように平均十町程度の規模をもった中級の地頭級領主も、鎌倉幕府の成立とその制覇によって、東北・北陸・中国・九州などの地方において、まず平家の没官領をあたえられた。また承久の乱に後鳥羽上皇側に属した公卿・社寺・武士の所領で没収されるものもあり、それが関東の将士にあたえられた。また後にも述べるように、北条氏の勢力増大に伴って、これと争って敗れた三浦氏や安達氏などの所領も関東武士にあたえられた。こうして関東とくに相模や伊豆・武蔵などの武士の中で、全国に所領をあたえられないものはないほどになった。

彼等は関東の本領を惣領の統轄の下に一族共同知行の形で経営し、祖先の祭祀と法要を執りおこなった。そして地方にあたえられた所領には、一族ないし代官を派遣して管理・経営にあたらせた。しかし紛争などを通して現地を直接掌握する必要が増大するにしたがい、惣領家もこれを代官にまかせず、自ら現地に下ることが多くなった。ことに西国では蒙古襲来にあたるため、西国に所領を有するものの下向が命令された[2]。

北条氏はこの前後、関東において、嫡子家が得宗と称して専権を振うようになり、他の氏をさかんに圧迫したため、関東南部の小領主の中には、もはや狭小な関東南部の地を見限り、新天地を開拓すべく、地方の所領に進んで移住するものも少なくなかった。

こうした状勢のうちに、地方でも、鎌倉末期になると、領主間の抗争が悪党の蜂起という形ではげしくなってきた。本領にあった惣領家の中にも、現地に下向し、城郭をかまえて、防衛の拠点とするものが多くなった。相馬氏も磐城の小高に城をかまえて、ここに根をおろした。

いずれにしても、鎌倉時代を通して、関東武士は東に西に、さかんに移住をおこなった。それはヨーロッパにおいて、中世の初期、ゲルマン民族が各地に民族移動をはじめたことにもくらべられる画期的な現象であった。いわば日本的な民族移動は、鎌倉武士の東北および西国への移住・発展にあるといってよい。

関東武士団の地方移住の結果、その地域の郷名がそのまま新開拓地につけられることも少なくなかった。下総の相馬氏なども、郷里の地名をさかんに磐城地方につけている。地形が似ているというので、郷里の地名を移住先につける武士もあった。伊豆の長崎氏など、得宗被官として各地に一族を派遣しているが、肥前の長崎、陸前の長崎など、その派遣先に長崎の地名をつけている。それとともに庶子たちは、移住地の地名を名乗り、これを名字地として、新しい名字族をつくり出した。この時期ほど名字の簇出した時代はあるまい。

もっとも、新しい名字を名乗るといっても、惣領家との関係は依然としてつながっており、惣領の主宰のもとに本領にある祖先の祭祀に参加した。名字にしても宗家の名字を上につけて、複合姓を名乗るのが普通であった。越後に移住した毛利氏が安田に定着して安田氏を名乗るとともに、毛利安田という複合姓を用いているのはその例である。これはまた後で述べることにする。

なお関東武士団の移住については、これをできる限り文献的にあとづける必要がある。しかしたしかな文献には出てこなくても、伝承として系図に残るものもある。系図には偽系図が多いので、これを容易に信用することは危険であるが、慎重に検討することによって、意外に新しい事実を発見することもできる。ことに文献に残るものはきわめて少なく、惣領家の史料が散佚して、一地方に発展した庶子家の史料の残る例もある。(3)

たとえば、武蔵の熊谷氏なども、近江・安芸・陸奥本吉地方にそれぞれ発展しているが、文書を伝えているのは、安芸三入《みる》庄の熊谷氏のみであった。陸奥本吉郡の熊谷氏など系図はあるが、古文書は伝わらない。近江の熊谷氏など、記録に出るだけである。こうした場合、各地に残る名字の分布を探ることによって、意外におもしろい結果を見出すことができる、津軽地方にはいまも神《じん》という名字が数多く分布しているが、この神は「みわ」とも読み、諏訪社の神主家で、北条氏の得宗被官の一人であった。神の名字が残る以上、神氏の多く分布する地方に、北条氏が得宗領を設定していたことも容易に推測される。

次に関東諸国における武士団移住のあとを国別に簡単に叙述しておきたい。

関東武士の移住と発展

武蔵（埼玉県・東京都・神奈川県）　足立郡に足立遠元・安達盛長、入間郡に河越重頼・毛呂《もろ》季光・金子家忠、比企郡に比企能員・小代《しょうたい》行平、大里郡に畠山重忠・熊谷直実・久下《くげ》直光、児玉郡に庄《しょう》家長、賀美郡に猪俣則綱、葛西郡に葛西清重・下河辺《しもこうべ》行平があった。これらの武士のうち河越重頼・畠山重忠と比企能員は武蔵の武士の中心をなす存在であった。ことに河越と畠山は、秩父牧の別当で、武蔵国の検校《けんぎょう》職を兼ね山麓地帯に勢を扶植しつつあった秩父氏の一族であった。

秩父氏では重能が畠山庄の庄司として保元の乱には義朝に従軍し、その子重忠は比企郡の菅谷館（畠山館）に住み、畠山郷を中心に勢をのばしていた。重能の弟重澄は河肥《かわごえ》庄の地主・庄官として河越氏を称し、重澄の弟有重は小山田別当、重継は江戸貫首（江戸氏の惣領）といわれた。重忠は奥州征討に中通りを進んだ関係から、その賞として栗原郡の一部葛岡《かつらおか》郡をあたえられたほか、信濃塩田庄・伊勢治田《はりた》御厨を所領とした。しかし剛直な性質を北条氏に忌まれ、ざん言にあって謀殺された。

秩父の一族の嫡家的な位置にあった河越重頼も源義経のことに関係して殺された。このため、秩父の一族にあっては、頼朝の信頼を得ていた江戸重長が代って重きをなしたが、比企氏も北条氏のために倒されたあと、武蔵にはこれという領主もなくなり、しぜん北条氏がこれらの武士を圧迫し、地方への移住を促進することとなった。

武藤氏も武蔵と深い縁のある武士団である。秀郷流藤原氏の流れを酌む武藤氏は、筑紫系図によると、長頼のとき武蔵国に下向し、戸塚郷を知行、弟資頼は大宰小弐としてはじめて筑前に下向、平知盛に属して一谷《いちのたに》に籠城したほどであったが、梶原景時の婿たるによって頼朝に降り、罪を免ぜられた。文治年中（一一八五—九〇）奥州征討に従い、その功として、弟氏平は大泉氏を称して出羽に住した。武藤氏はさらに建久七年（一一九六）大宰府の現地責任者である大宰少弐に任ぜられ、頼朝に没収されていた原田種直の所領原田庄をはじめ、三千七百町という広大な所領をあたえられた。さらに彼は大監以下の府官たちを指揮することになり、筑前・豊前・肥前の守護職も得て、九州最大の豪族に成長し、その姓も少弐と呼ばれるようになった。

高柳氏は藤原秀郷の系統で、葛飾郡高柳を本領とし、大河戸・山村・朴沢《ほおざわ》の諸氏を出している。宮城郡山村（根白石《ねのしろいし》）は相伝の所領であり、伊予国恒松名《つねまつみょう》の地頭職をももっていた（「朴沢文書」）。

長江氏は鎌倉権五郎景政を祖とし、相模三浦郡長江を本拠とし、景政の曾孫長江義景が奥州征討の功により、陸奥国深谷に封ぜられたという。

武蔵ではなお熊谷氏が大里郡に居住していた。桓武平氏北条氏の流れ、熊谷直貞始めて武蔵大里郡を領し、その子直正は近江浅井郡塩津郷を領し、近江熊谷氏の惣領として豪族化した。足利義政の時代、諫言をして領地を失った熊谷某は近江の熊谷である。直正の弟直実は出家した後、武蔵熊谷郷を直家に譲った。直家は奥州征討の功によって陸奥国本吉郡に所領を賜わり、その子直宗は下向して赤岩館に住した。のち葛西氏に従ったが、葛西氏の滅亡後、土着し、この地方の大肝煎《きもいり》となった(4)。

また武蔵の熊谷郷に住む直家の子直国は、承久の乱のとき戦死し、その功により直国の子直時は新たに安芸三入庄の地頭職をあたえられ、その子孫は法然が直実に授けた迎接《げいしょう》曼荼羅《まんだら》をたずさえて、弘安年間（一二七八—八八）以後三入庄に落ち着いた。しかし建武年間（一三三四—三八）の頃まで熊谷郷のうち恒正名だけは建武政府と尊氏から所有権をあたえられたが、その後恒正名の帰属はわからない。なお直家の二男直重は三河の熊谷に住み、子孫は三河にひろがった。

足立郡には、武蔵の国造の後で、『将門記』に見える郡司判官代武蔵武芝の末にあたる足立氏があった。この足立氏の子孫の遠元は、平治の合戦に侍賢門で義平に従って戦っている（『平治物語』）。

いっぽう安達氏は、『尊卑分脈』によると、藤原北家魚名十四世の孫盛長が伊豆配流の頼朝に志を通じ、幕府の成立後は頼朝に厚く信頼され、三河国守護をもつとめた。盛長が安達氏を称したのは、彼が陸奥の安達庄をもらってからのことである。しかし彼が頼朝の乳母比丘尼の婿として、早くから頼朝に仕えたところから見ると、彼の本拠は武蔵の足立郡にあったのではあるまいか。『尊卑分脈』では、安達六郎盛長の弟に安達藤九郎遠兼があり、その子に遠基がある。遠元と遠基とは訓が通ずる上、『吾妻鏡』に足立と安達とを区別しながら、『平治物語』では安達新三郎清恒を足立とつくる点からして、足立氏が安達庄をあたえられて以後、足立氏の一流が安達を称したとも考えられる。ただし『新編追加』によると、武蔵国足立郡地頭職は平家の没官領となっているから、足立氏はこの足立郡において、平家の所領を管理する地位にあったのではあるまいか、現在の苗字には、安立もある。

盛長の長子景盛は、父の功によって重用され、建保六年（一二一八）には出羽介となって秋田城を管し、以後秋田城介は安達氏の世襲となった。盛長の次子時長は出羽の大曾禰（根）庄（山形県）の地頭職をあたえられている。しかし景盛の三子泰盛のとき、北条貞時に誅され、一族は四散した。なお丹波には足立氏が多いが武蔵足立の後裔といい、祖を藤原鎌足としているという。

武蔵では、先にあげた金子家忠、児玉郡の庄家長、賀美郡の猪俣をあわせて武蔵七党といわれる武士の一群がある。横山党（いまの八王子辺）・西党（多摩川中流沿岸）・村山党（北多摩・入間両郡の境）・丹党（秩父郡より飯能辺）・児玉党・猪俣党・野与党（埼玉県騎西《きさい》辺）などである。あるいは同じく埼玉郡にあった私市《きさい》党、秩父郡よりいまの大里郡本畠村辺、川越・江戸・豊島・葛西地方にひろがっていた秩父党、都築郡にいた綴《つづき》党をも加えることがある。七党系図などはどこまで信ぜられるか、疑問である。

このうち児玉党はもっとも大きく、その祖は児玉庄大夫家弘、その本拠児玉郡八幡山には城郭があり、鎮守がある。この家弘の子庄権守弘高は若泉庄（本庄）を別ち領した。『吾妻鏡』には本庄新右衛門（朝次）とあるから、はじめは本庄を称したのであろう。本庄宿の総鎮守は金鑚《きんさん》明神である。

柳田国男氏は、児玉党は傭兵の元祖であるといわれる。児玉党には傑出した英雄をもたず、したがって本国では勢力の中心をつくりあげ得なかった代りに、よく大小の群を結んで、遠国に稼ぎに出た。長州にも、肥後にも、薩摩にも血は遺り、子孫のあるものは現に児玉を称し、また若干の伝説をも保持しているといわれる。傭兵とは思えないが、たしかに児玉党の分布はいちじるしく、系図に現われたものは五十四、武蔵の秩父・比企の両郡より上州におよんだ。(5)

文治五年（一一八九）頼朝の奥州遠征に供奉《ぐぶ》した児玉党の面々には、庄のほか、四方田《しほうでん》（家長の弟弘長、児玉郡四方田村）・浅見（阿佐美とも書く。家長の弟弘方、児玉郡共和村浅見）・浅羽《あさば》（入間郡浅羽庄）・小代（入間郡、いまの比企郡小代郷）・塩屋（塩谷）等が見える。これらはいずれも武蔵の各地に居を構えた面々である。このうち小代氏はのち肥後に移住し、南北朝の際には北朝方として菊池氏その他の南朝方と鎬《しのぎ》を削った。四方田氏は陸奥では宮城郡の河内四頭の一つとなり、備後では御調《みつぎ》郡の地頭となった。(6)

このほか児玉党としては、武蔵に秩父・越生《おごせ》（入間郡越生郷）・小見野・粟生田《あおうだ》・富田（児玉郡共和村富田）・入西《にゆうさい》・真下《ましも》（児玉郡真下村）、上野には小幡・倉賀野・大類・鳥見等が出ている。しかし児玉党の主流は三浦氏の変に鎌倉方に加わったほかは目立った活躍をしていない。これに対し、中国筋の児玉党は備後の御調郡や安芸の豊田郡を中心として振るい、南北朝の内乱には団扇の旗を南朝方に翻し、戦国時代には毛利氏の海賊方として厳島《いつくしま》の海戦に奇功をたてた。(7)

なお武蔵の入間郡を本拠とする村山党には、村山氏（村山村）のほか、金子村に金子氏があり、金子家忠は義朝の郎従として名を現わし、のちに鎌倉の御家人となった。また大井氏（大井村）・宮寺氏（宮寺村）・山口氏（山口村）・須黒氏（勝呂《すぐろ》村）・仙波氏（仙波村）・難波多《なにわだ》氏（難波多村）がある。

また武蔵南多摩郡横山庄を発祥の地とする横山党からは、前にあげた海老名《えびな》・本間氏のほか、愛甲氏（愛甲郡愛甲庄）・成田氏（武蔵北埼玉郡成田村）・中条氏（同中条村）・糟屋氏（相模大住都糟屋庄）を出している。

丹（治）党は河内の丹治比《たじひ》郷から出、荒川沿岸にひろがっているが、その中から安保氏が出ている。安保氏は丹治氏ともいい、武蔵賀美郡安保郷を本拠とし、播磨では須富《すとみ》庄、出羽では南部の田川郡河辺と余目《あまるべ》のうち宗（総）太村と阿佐丸郷・阿保郷・袋郷等（「安保文書」）、また陸奥では、鹿角《かづの》郡東根の田山郷を領有していた（『八坂神社記録』）。成田氏は安保氏から分出した庶子である。成田氏を名乗るのは、行員から基員が、賀美郡安保郷内中原屋敷堀内を二分した西方と、同騎西郡成田郷の地頭郡司職を譲られてからである。

相模（神奈川県）　保元の乱で源義朝に従軍した武士のうち、相模では大庭・山内首藤・海老名・秦野・荻野の諸氏があったが、平治の乱では大庭氏が姿を消している。大庭景親は、頼朝が挙兵したとき、平氏につき、相模の主な武士、俣野・長尾・梶原・渋谷・海老名・毛利・河村・糟屋・曾我の諸氏もこれに加担し、頼朝を助けたのは、三浦・和田のほか土屋・土肥・岡崎の諸氏に、当時渋谷に身を寄せていた近江出身の佐々木氏ぐらいのものであった。

秩父・鎌倉両氏の一族が鎌倉を北から圧するようにひろがり、はじめは頼朝に敵対していたのに対し、鎌倉をふくむ山内庄から三浦半島にかけて、山内首藤・三浦両氏がこれに対抗していた。山内首藤氏ははじめ山内庄で実権を握っていたが、治承四年（一一八〇）俊通の子の経俊が頼朝からこの地を没収されて、この地方で勢力を失った。しかし相模足柄下郡早河庄にも所領をもち、また一族に波多野・松田・河村の諸氏があることを見ると、相模南部に勢力をもっていたらしい。

三浦氏は代々三浦介を称し、武蔵における秩父氏と同じように相模の国務をにぎっていた。(8)そして三浦郡衣笠《きぬがさ》を中心に、義明以来一族がかたく団結し、その所領も全国に分布していた。東北地方では、会津四郡・名取郡・栗原郡、九州地方では薩摩の入来院等が本宗家の所領であった。宝治合戦ののち、三浦の本宗はその所領を没収されたが、一族の中でも執権時頼に近かった葦名の一流は、会津などで本宗家の所領の代官に任命された。今日各地に三浦の苗字を見受けるのは、三浦の勢力がいかに根強くひろがっていたかを示すものである。

三浦氏の一族で和田にいたのがすなわち侍所別当和田義盛である。和田義盛は、遠田《おだ》・名取両郡、栗原郡三迫《さんのはざま》（宮城県）、由利郡（秋田県）に所領をもっているが、その弟義茂は木曾義仲追討の殊功により、越後奥山庄に地頭職をあたえられた。三浦和田氏はさらに阿波国勝浦山・讃岐国真野《まのの》勅旨《ちよくし》・出羽国常牧郷《つねまき》に所領をもっているが、その本拠たる相模国深沢郷津村にも鎌倉時代を通して若干の田畠在家をもっていた。

桓武平氏良文流秩父氏の一族、渋谷庄司重国の祖父六郎基家は、秩父から相模国高座郡渋谷庄に移住し、重国のとき頼朝の武蔵・相模入りに従って渋谷下郷の年貢を免除されたが、(9)その子光重・高重・時国・重助・重近のうち、光重が渋谷氏の惣領となったらしい。光重は、渋谷（吉田）上庄・伊勢国箕田《みのだ》大功田・美作国河合郷（庄）を相伝し、さらに宝治元年（一二四七）千葉秀胤の跡をうけ、島津庄寄郡《よせごおり》の惣地頭職に任命された。光重に六人の男子があり、所伝によると、太郎重直を本領の相模国にとどめ、他の五子を薩摩国に下向させた。次郎実重は東郷氏、三郎重保は祁答院《ぎとういん》氏、四郎重諸は鶴田氏、五郎定心は入来院《いりきいん》氏、六郎重貞は高城氏と、それぞれ定住の地にちなんで名字を称した。

重国の次男で渋谷庄の福田を領していた武蔵権守実重（高重カ）は、陸前柴田郡福田と同宮城郡福田に移り住んだ（「仙台藩士福田氏家譜」『渋谷区史』）。『余目記録』に、「河内七郡には渋谷・大掾《だいじょう》・泉田・四方田とて、文治五年（一一八九）当国に下り、外様に四頭一揆にて候ひしが、千騎衆たり」とある。渋谷氏は陸奥では黒川郡北迫《きたさこ》にも地頭職をあたえられていた（『諸家系図』）。武蔵国に早くから移住した渋谷氏は、今日の渋谷の発祥をなしている。さらに美作・越中にもひろがりをみせ、大族となった。荏原《えばら》郡目黒に住む児玉党の目黒も、鎌倉のはじめ会津に領地をあたえられ、戦国期宮城地方にも移住した。

色部《いろべ》氏は、秩父氏より出て、越後岩船郡の色部村によって色部氏を称した。正慶二年（一三三三）の譲状によると、この色部氏は相模国では高座郡飽和《あくわ》郷をもっているが、あるいはこれが本貫ではなかったかと思われる。色部氏は越後国小泉庄加納のほか、伯耆国布美庄・讃岐国木徳庄・出雲飯生庄・信濃国下不田郷の六ヵ所をもっていた。しかし嘉禄三年（一二二七）以降、越後・相模を除いてしだいにこれを失っていった。

二階堂氏は藤原南家の出である。工藤家よりわかれ、鎌倉二階堂を本拠とする。奥州征伐ののち、行政は功として陸奥岩瀬郡の地頭職をあたえられ、幕府の政所執事として勢があった。行政の長男行光は惣領として政所執事の職を受け、岩瀬郡等を伝え、次子行村の子元行はさらに和田合戦の賞として、相模足柄上郡大井庄内吉田島と懐島殿原郷《ふところじまとのはら》を得、懐島と号してここを本拠とし、さらに承久の乱後、三河重原庄の地頭に任命された。

仁治元年（一二四〇）元行が次子行氏にあたえた所領は、懐島・大井のほか、伊勢益田庄深矢島郷・肥前鏡社・尾張西門真庄《にしかどまのしょう》・陸奥信夫庄鳥和田（鳥渡）村等六ヵ所の地頭職であり、宝治合戦後、安房北方郡の地頭に補任され、その子行久は評定衆に任ぜられて、薩摩阿多郡北方の地頭職に補任された。現在の「二階堂文書」は、三河重原庄のものであるから、惣領家の文書によって惣領家の所領をあわせ考えると、かなりの分布を見せていたかと思われる。その所領には福島市付近の信夫庄のように、今日も二階堂を名乗るものが少なくない。

波多野氏は余綾郡《よろきのこおり》（大住郡中部）波多野村を本拠とする。秀郷流とされるが疑問である。義通は義朝の郎従であったが、その子波多野義常は松田郷、その弟波多野義景は波多野本庄北方、その弟忠綱と甥義定は伊勢国真弓御厨を自己の所領としている（『吾妻鏡』養和元年（一一八一）正月五日）。

河村氏は足柄郡河村郷より起り、河村義秀は波多野義通の叔父にあたる。治承四年（一一八〇）河村義秀は、河村郷を没収されたが、義秀の弟千鶴丸（秀清）が奥州平定に功あり、岩手・志和・稗貫《ひえぬき》の三郡に所領をあたえられ、志和郡大巻の地に居館を構えたと伝えられる。また秀清は名取郡にも所領をあたえられ、その子孫は茂庭《もにわ》を名乗ったといわれる。子孫は三陸に栄えた。河村の一族はまた越後にわかれ、岩船郡を流れる荒川の流域の荒河保を根拠とした。建武二年（一三三五）新田氏が越後に蜂起したとき、岩船郡瀬波《せなみ》郷城にこもって新田氏を応援した（『川村家の歴史』）。

大友氏は相模の大友郷を本領とする。大友能直は藤原秀郷の後裔能成の子で、母は大友（波多野）四郎経兼の女であるが、母の姉の嫁いだ藤原親能の養子となり、大友氏の本領大友郷の地頭職をはじめ養父親能の遺領を相続し、大友氏を称した。(10) 頼朝落胤説はのちにできた。建久六年（一一九五）八月以前鎮西奉行となって西国に赴き、豊前・豊後の守護を兼ねた。その一族は美濃中村庄下方《しもかた》にも一族を出しているが、結局豊後の大野庄を本拠とする豪族に発展した。しかし惣領家が現地に移住するようになったのは、蒙古襲来後のことである。

大江氏は山城乙訓《おとくに》郡の大枝氏（土師氏の族）を祖とするが、大江広元が頼朝に招かれて鎌倉に下ってから、武蔵長井庄や相模愛甲郡毛利庄（厚木市）をもらったらしい、広元の長子は親広、その長子佐房《すけふさ》は上田氏の祖となり、親広の次男高元は出羽村山郡寒河江《さがえ》庄を譲られて子孫はこの地に栄えた。広元の次子時広は、父の広元が鎌倉に下ったのちも京都にあって禁裏に仕えていたが、のち実朝の信任を得て、鎌倉に出仕した。そして承久の乱に、父広元の北条氏への積極的協力と弟毛利季光（入道）

の軍忠などによって、備後守護・美濃茜部《あかなべ》庄の地頭・出羽置賜《おいたま》郡長井郷（庄）の地頭に補任され、幕府の有力御家人の一人となった。時広の嫡子泰秀、その子時秀も幕府に重用され、相ついで関東評定衆に加えられ、一族ともに勢を得た。

宝治合戦にあたり、毛利季光は三浦一族とともに自殺し、泰秀は北条氏に加担して信任を得た。その子の時秀も美濃遠山庄手向郷地頭職を獲得している。時広の二男泰重は六波羅評定衆に任ぜられるとともに、備後守護職と小童保《ひじのほ》、五男泰茂は美濃茜部庄の地頭職を譲られた。

この惣領家および六波羅評定衆から所領を譲られて独立した庶子家には、備前の田総《たぶさ》氏（田総庄・小童保・長和東方）・福原氏（長和西方・信敷庄西方）・上山氏（備後上山郷）・長井氏（美濃遠山庄手向郷）などがあり、惣領家よりは地方に定着の傾向が強い。また時広の一流で出羽置賜郡に下ったものは、同じ長井郷（長井庄）に土着し、ついに置賜一郡の地を領したため、長井氏とさえいわれた。なお広元の三男宗光（一本政広）は上野那波庄によって那波《なは》氏をたて、五男忠成は尾張海東庄を領して海東《かいとう》氏の祖となった（小泉宜右「御家人長井氏について」『古記録の研究』）。

毛利氏は大江広元の四男季光が毛利庄を名字地としていたため、毛利氏を称した(11)。季光は宝治合戦に三人の子とともに三浦方に味方して所領を没収された。そのとき四男経光は越後佐橋《さばし》庄（刈羽《かりは》郡）にあって難を免れ、長じて佐橋庄北条および南条と安芸吉田庄（広島県高田郡）の地頭職を承認され、主に佐橋庄に住んだ。経光は佐橋庄北条を嫡子基親に、南条および吉田庄を四男時親に譲った。越後の毛利氏は鵜河庄安田にもわかれ、毛利安田を称した。時親は晩年吉田庄に隠居、同庄の郡山城に住み、子孫相伝えて元就に至った。

小早川氏は伊豆国田方郡土肥から起る。桓武平氏土肥氏の一族、[12]土肥次郎実平の子孫太郎遠平が相模足柄郡小早川に住んで、小早川氏を称した。主として安芸国東部沼田庄に落ち着き、沼田本庄から竹原・三原方面に進出して、沖の島々にまでひろがっていった。[13]姓を異にした生口《いぐち》・小泉・浦などの一族を合すると、室町の終りには、四十ないし五十家にもおよんでいたのではないかと思われる。ただし今日この地方土着の旧家で小早川氏の子孫というのはなにほども残っていない。たいていどこかへいってしまっている。

義朝の家臣俊通は鎌倉山内の地を名字地として山内首藤氏を称したが、その子経俊は、頼朝の挙兵に応じなかったため、山内を召し上げられ、相模早河庄一得名に住み、頼朝に仕え、備後地毘《じび》庄内本郷（広島県庄原市）・信濃筑摩郡下平田郷内・陸奥桃生郡に所領を得た。が、永仁三年（一二九五）三月の譲状に桃生郡の所領は見えない。山内氏の主流は、重俊―宗俊より通資に至って相模を去って備後に移り、地毘本郷高山城に居城した。[14]

海老名氏は、村上源氏、有兼が相模守に任ぜられ、任満ちて高座郡海老名郷に住み、海老名氏を称した。季定の長男季久は上海老名郷に住し、播磨にも所領をあたえられた。二男能忠は愛甲郡依智郷本間村に住し、本間氏の祖となった。三男は高座郡国分村に住し、国分氏の祖となった。四男能季は同郡下海老名郷に住んで、下海老名氏を称し、五男季時は愛甲郡荻野村に住し、荻野氏の祖となった。本間氏の子孫は越後国に移住し、さらに佐渡に栄え、北条氏の得宗被官となり、いっぽう、庄内地方に移って武藤氏の旗下に属したという（『酒田市史』所収「本間系図」等[15]）。

伊豆（静岡県）　この地方では、伊東・工藤・二階堂・狩野の諸家が北部にひろがり、いずれも南家の流れ武智麻呂の四男乙麻呂から八代目の為憲を祖としている。天慶の乱後、為憲の子孫は東国に土着して、武士的な豪族として活動し、その孫維景は駿河守として伊豆国狩野にあり、二階堂の祖となった。子の維職《これもと》は伊豆国押領使となって、伊東の地を領した。さらにその孫の家継（次）は狩野牧を領し、やがて久須美に居を移し、その子祐継（次）を惣領として久須美の所領を譲った。祐継の子祐経は頼朝にいたく信任され、奥州征討に従い、建久元年（一一九〇）功として、日向国の地頭職、陸奥国鞭指《べんざし》庄など二十四ヵ国に所領を賜わったという（『日向記』）。

伊東氏が陸奥国安積《あさか》郡をあたえられたことは史料に見えないが、恐らくはこのときのことであろう。嘉禎二年（一二三六）安積六郎左衛門尉の名が『吾妻鏡』に出てくるが、伊東の庶子である祐長が安積氏を称しているのは、この地に入部したことを物語るものであろう。安積地方は伊東氏によって開発され、伊東氏は現在の安積一郡にわたって分布し、一部は仙台藩に仕えた。

田代氏は田方郡狩野庄内田代郷を発祥の地とし、安貞二年（一二二八）にはこの地の地頭職をもっていたことが知られる。貞応三年（一二二四）承久の乱の恩賞として和泉大鳥郷地頭職を得、以後この地に土着した。別に田代氏と姻戚関係のあった品川氏より近江国野洲郡三宅郷を譲り受けたが、これは延文三年（一三五八）近江守護代に押領された。また菅原氏（伊佐氏）の養子となることによって、陸奥国大谷保三宅郷を獲得した。(16)

下総（茨城県・千葉県）　千葉氏は先祖の平良文が下総相馬御厨を開発、その孫の忠常が失脚してのちも両総の地にその支配を続け、常胤の何代か前から、八条女院領の千葉郡千葉郷（千葉庄）の地を本拠として千葉氏を名乗った。系図によって異なるが、常将か曾孫の常重のときと考えられる。常重の子常胤のとき、幕府の創業に参加し、下総の守護職に補せられた。一族の所領は千葉庄・相馬郡のほか両総各地にわたるが、上総を占めた一族は上総介氏を称した。常胤は頼朝の遠征に東海道の総大将となって功があったため、陸奥南部の好島《よしま》（間）庄の預所職をはじめ、海道方面に多くの所領を拝領した。

常胤のあと、嫡子胤正は本拠の下総相馬地方を相続、その子孫は室町時代になっても下総守護を世襲、享徳の乱に一族分裂して衰え、後北条氏に従った。次男師常は同じ桓武平氏の流れである平将門の後裔師国の養子となって相馬氏を名乗り、奥州遠征の功によって、行方《なめかた》郡（福島県）内の地頭職、三男胤盛（亘理氏あるいは武石氏）は亘理郡（宮城郡）の各地頭職、四男胤信（大須賀氏）は好島庄預所職と庄内三郷の地頭職、五男胤道（国分氏）は宮城郡国分庄、六男胤頼（東《とう》氏）は黒川郡・玉造郡（宮城県）内の地頭職をあたえられた。次男師常以下五人の兄弟は、やがてその所領に下向し、それぞれ相馬・武石（亘理）・大須賀《おおすが》・国分・東と称した。なお陸前より陸中にわたり、東山・長坂・百岡《ももおか》・江刺等に千葉姓の多いのは、頼胤（胤頼か）が奥羽の探題として長坂・百岡に下ったとか、承久の乱に葛西に預けられ、婿となったとかいわれるが（『奥羽葛西実記』）、明らかでない。(17)

千葉常胤はまた平家の没官領肥前小城郡晴気保《おぎはるけ》をあたえられ、子孫代々当郡の地頭となった。それが実際に下向したのは、文永年中（一二六四―七五）蒙古襲来のときであった。その後肥前の千葉氏はしだいに勢を振ったが、南北朝以後、小城と晴気の二流にわかれた。薩摩でも、建久の図田帳を見ると、常胤は、高城《たかぎ》郡・東郷別府・祁答院・入来院・甑島《こしきじま》の五郡等の地頭職をあたえられているが、この所職《しよしき》は秀胤が宝治合戦で三浦泰村に加わったため、没収され、この地方に千葉氏の末裔はあまり見出し得ない。

下総では千葉氏のほか、北部の葛飾郡葛西庄を本拠とする葛西氏が有名である。葛西は葛飾の西の意、伊勢神宮領で、葛西御厨という。葛西氏は渋谷氏と同じく秩父氏のわかれといわれる。武蔵国豊島郡を本拠とする豊島氏の出身で、豊島権守清光の子葛西三郎清重を祖とする。清重は源頼朝の奥州征討に従って中央軍に属し、抜群の功をたてたため、奥州総奉行職に任命され、五郡二保をあたえられた。五郡二保とは、伊沢・磐井・牡鹿・江刺・気仙と奥田・黄海であり、この中に栗原・桃生の一部が含まれている。この葛西清重の弟重国の流れは、栗原郡新田郷に居所をかまえて、新田氏を称した。葛西氏はこれ以後、千葉氏その他の武士をおさえて、戦国大名として成長していった。

上総（千葉県）　この国の御家人で地方に発展したものは、武蔵・相模ほど多くはない。このうち深堀氏は、上総の深堀郷を名字地とし、承久の乱の勲功によって、一度摂津国吉井新庄を恩給されたが、沙汰人・百姓等が催促に従わないので、幕府に替地を要求、ついに肥前国戸八浦《とはち》の地頭職をあたえられた。最初惣領は本国上総に居住し、嗣子を代官として西国に下向させ、これを繰返したが、弘安（一二七八—八八）頃から惣領自ら西国に下るようになった（『深堀記録証文』）。

上野（群馬県）　新田氏が最大で、新田庄の開発領主である。伝によれば、源義家の三子義国が藤原実能と争って下野国に逃れ、のち上野国新田郡に移って二子を生んだ。長男の義重が新田庄司となり、次男義康が下野国足利に住んで足利氏を称した。新田庄の支流に足利郡田中村を本拠とする田中氏があり、越後にもひろまり、北魚沼郡内巻《うちまき》城には南北朝のころ田中大蔵がたてこもった。

里見氏は上野碓井《うすい》郡里見より起り、新田義重の三男義俊が里見を称する。建久四年（一一九三）義俊は安房の守護職となり以来房総を本拠とする。山名氏もその一族で多胡郡（いまの多野）山名から起った。しかし新田の一族は鎌倉幕府とも親しくなり、しかものちにほろんだため、あまり多くの子孫を残していない。

下野（栃木県）　この地方の代表的豪族としては、中央に宇都宮氏、南に小山氏、北に那須氏が挙げられる。

宇都宮氏は、『尊卑分脈』によれば、藤原北家道隆の弟粟田関白道兼の曾孫で左衛門尉藤原朝綱（宗円）から起る。朝綱は、鳥羽院の武者所となり、奥州の安倍貞任の乱に功があったため、下野守護職に補せられ、宇都宮大明神（二荒山神社）の座主を兼ねたといわれる。しかし宇都宮氏の起源については不明なところが多い。朝綱の子宗綱・宗房の兄弟が中原を名乗るところを見ると、宇都宮氏は藤原出でなく、中原出であるとする説も成り立つ。

宇都宮氏は平家に仕えていたが、ひそかに志を関東に通じたため、伊賀国壬生野《みぶの》郷の地頭に任命された。こうして宇都宮氏は代々下野一宮の祭祀を預かり、かねて領地の経営につとめた。宗綱の弟宗房はのち豊前の国衙内での役職（田所《たどころ》・税所職《さいしょ》）を受けつぎ、城井・伝法寺（築上郡《ちくじょう》）や田川郡の各地を領した。そしてその本拠城井の地名によって城井氏を称し、豊前最大の豪族となった。筑前では建久五年（一一九四）宇都宮上野介重業が遠賀川の川口をおさえる志賀郡山鹿庄に領地を得、これがのちに麻生氏を称するようになったといわれる（『筑前国続風土記』）。しかし麻生氏については、古くからいた山鹿氏の子孫だとする説もある。日向でも図田帳に平家の没官領を地頭の宇都宮氏が領有していたことが記されている。

なお宇都宮系図によると、朝綱の曾孫頼業は、横田四郎と称し、伊予守護となっている。横田は奥羽街道にそう下野　雀　宮《すずめのみや》の駅付近にある。しかし伊予の宇都宮氏の由来については明らかでないことが多い。大洲《おおず》付近に宇都宮神社が多いが、これは宇津の宮と混同したものともいわれる。宇都宮氏はこのほか筑後・肥前・肥後・大隈など、九州の各地に発展しその苗字をとどめている。

秋元氏は、下野の宇都宮朝綱の子泰業が、嘉禎年間（一二三五―三八）に上総国周准《すず》郡秋元に移住したのがはじめだといわれる。鎌倉時代後期鹿角に移住したらしく、小豆沢《あずきざわ》を本拠とし、成田氏等とともに、鹿角郡や比内郡に分布した。

小山氏は藤原秀郷の子孫として、代々下野の押領使・大介あるいは大掾を世襲し、ついには、足利氏とならんで一国の両虎とまでいわれた地方豪族となった。下野国寒河《さむかわ》御厨、一名小山庄を重代の屋敷とし、国府郡内上六十六郷、下三十六郷を所領とするほか、武蔵国では上須賀郷・石岡郷と吉沢・足立郡内上根村半分・大田庄、陸奥国では菊田庄遠野保・江刺郡内用懸《もちかけ》郷半分・長根牧、尾張国では海東三ヵ庄、播磨国では守護奉行職・高岡北条郷国辺《くにへ》保、相模国では田原村、信濃国では飯田郷、常陸国では稲吉郷・磯部村三分の一、備中国呰《あざ》部《べ》郷、下総国下河辺庄・幸嶋下庄、上州佐貫庄淵名を領有した。これは、寛喜二年（一二三〇）二月二十日小山政光の長子朝政の譲状に見えるもので、恐らく頼朝のときに安堵または拝領し、始祖政光が嫡流に相伝したものであろう。

政光の次男宗政は元暦元年（一一八四）下野国長沼庄を重代相伝の本領とし、長沼城を築いて以来長沼氏を名乗り、下野在庁職を相承するとともに、陸奥国南山（南会津郡）を領し、宗政から四代目の宗秀は、鎌倉後期に南山の一部を庶子宗実《むねざね》に譲った。宗実はそののち南山に移住するが、南山の残りの部分は長沼惣領の秀行が領有していた。政光の三男朝光は上野介となり、結城《ゆうき》郡結城を名字地とし、奥州征討の功で白河・岩瀬（福島県）・名取（宮城県）三郡の地頭職をあたえられた。

朝光の子朝広は長男広綱に結城惣領として本領を相伝させ、次男祐広に白河庄内富沢以下八郷の地頭職をあたえた。祐広は十三世紀後期白河庄に下向し、搦目《からめ》城に本拠をかまえ、のち庶流の小峯氏が小峯城（江戸時代の白河城）によった。

この長沼氏から皆川氏が出た。長沼宗政の孫宗員が寛喜年中（一二二九—三二）都賀郡皆川庄に移り住み、皆川と改めてからである。皆川はあて字で、蜷河が正しい。蜷《みな》のいる川、蜷はニナともいう。『吾妻鏡』では皆河四郎が活躍、南北朝以後豪族として成長した。この分流に常陸の皆川氏がある。

那須氏は下野那須の地を名字地とする。陸奥宮城郡や備中檜原に所領をもっていた。稗搗節で有名な肥後の椎葉《しいば》地方にも那須氏の土着していたことは慶長二年（一五九七）の文書で明らかである。恐らく平家の没官領をあたえられて、一族が下向したものであろうか。

小野寺氏は秀郷流山内首藤氏の族である。保元年間（一一五六—五九）、小野寺道綱は源為義に従って功あり、都賀郡小野寺保に城を築き、小野寺の領主職に補せられて以来これを相伝した。ついで源範頼に従い、さらに奥州征討に功をたて、雄勝その他に領地を得たらしい。鎌倉の後期、経道《つねみち》の頃仙北（雄勝郡）に移住し、稲庭《いなにわ》城を根拠とし、東北有数の大名となった。戦国末その一部は気仙郡津谷《や》・陸中磐井郡一関などにも移り住んだ。

茂木《もてぎ》氏では建久三年（一一九二）八田知家が下野茂木本郷地頭職に補任されて以来、その子の知基は茂木三郎と称し、これを世襲し鎌倉末期小田本宗から分出した。茂木郷を本領とし、信濃の神林郷と能登若山庄および出羽に所領をもって発展した。モギともいう（「茂木文書」）[18]。

常陸（茨城県）　伊達氏は常陸伊佐庄（下妻市）を発祥の地とする[19]。その先祖朝宗（念西入道）が子の宗村たちと阿津賀志山の戦いで、信夫《しのぶ》庄の庄司佐藤を破ったため、そのゆかりの地伊達《だて》郡（福島県）を拝領した。よって朝宗は本領を長男にあたえ、次男以下をひきつれて伊達郡に移住し、氏を伊達と称した。伊達氏はなお但馬・駿河にも所領をもち、両地に発展している[20]。

甲斐（山梨県）　ここでは清和源氏の流れ、新羅三郎義光の子義清から発した武田あるいはその一族の名字がもっとも多い。義清は巨摩《こま》郡から八代《やつしろ》郡にわたる市河庄と青島庄の下司職を命ぜられて平塩の丘に館を構えたが、やがて八ヶ岳の山麓逸見《へみ》郷に居館を移し、牧場地帯を背景に、豊富な財力と強大な武力を養った。義清の子清光には十余人の男子があり、長男である光長を本拠の逸見に残し（逸見氏）、次男信義を武川庄武田の地に置き（武田氏）、三男遠光を巨摩郡加賀美庄に（加賀美氏）、四男義定を山梨郡加納庄（安田氏）に置いた。以下の諸子も石和《いさわ》・浅利・八代などに分封され、浅利氏・八代氏などの祖となった。

これらの一族は清光の統制力と相互の協力によって甲斐国の大半を支配した。武田信義の嫡子忠頼は山梨郡一条庄（いまの甲府市）に居を構え、源平の合戦に頼朝を助け、富士川の合戦にも主力となって戦ったが、頼朝はこの一条氏と安田氏があまりに強大となるのを恐れ、これを斥けてほろぼし、忠頼の弟の信光と小笠原長清の二人を重く用いた。信光は承久の乱に東海道の大将として功あり、伊豆にも所領があたえられ、安芸の守護ともなった。安芸の武田は室町時代若狭《わかさ》の守護となり、両守護とも戦国時代にほろんだが、その余流は両地に武田の苗字を残した。上総にも若干の所領があった。

いっぽう清光の三男遠光は、信濃の守護に任ぜられ、信濃の伴野《ともの》庄に住んだ。遠光の次男小次郎長清は、信濃守をつぎ、伴野庄の地頭を兼ね、小笠原牧に住んだ。この小笠原氏は阿波麻殖《おみ》保（『吾妻鏡』貞応三年（一二二四）十月）その他に所領をもち、そこに一族が分布した。異流・別流のないのが特色である。なお遠光の長男光朝は巨摩郡秋山に住して、甲斐秋山氏の祖となった。伊予の秋山もこの同族という。また遠光の三男光行は奥州遠征の功により、南巨摩郡南部の地を賜わり、南部氏の祖となったが、それが南部地方に下ったのは、鎌倉の末期と考えられる。

浅利氏は武田清光の九男義成が、東八代郡内青島庄浅利郷に分封されたところより起る。嘉禄二年（一二二六）に公暁が奥州白河関で謀叛したとき、浅利七郎は公暁と路に逢い、これを討った。これは浅利氏の所領が奥州にあったことを物語っている。浅利義成の祖父義清が甲斐目代《もくだい》青島下司であったことは、文和二年（一三五三）沙弥浄光の譲状に、浅利氏の惣領が陸奥比内郡と甲斐の青島庄浅利郷に若干の所領をもっていたことからも知られる（「新渡戸文書」）。

東国以外の有力武将

なお関東を発祥の地とすることの明らかでないもの、またそれ以外の地を名字地とする武将で、各地に発展した著名なものに、島津・佐々木・大内の諸将がある。

島津が惟宗姓であることは、今日学界の常識であり、それを源頼朝の落胤と主張したのは、戦国末期になってからのことと思われる。ただこの惟宗氏が九州内部の土豪であるか、東国から移った武士であるかは明らかでない。常陸国信太《しのだ》郡に島津郷があるので（『和名抄』）、これと結びつけようとする説もある。

いずれにしても、島津氏の祖忠久は源頼朝の信任を得、御家人として薩摩の守護に任命され、あわせて近衛家の領地である日向・大隅・薩摩にわたる島津庄の下司職・地頭職を兼任した。室町初期には一時三ヵ国の守護を兼ねたが一族の内訌と豪族の叛服で分裂を繰返し、戦国時代島津貴久が出て薩隅二国を統一した。鎌倉時代には信濃水内《みのち》郡大田庄・伊勢波出《はで》御厨・越前久安保・越前生部庄・但馬大田庄・讃岐櫛無保・筑前三奈木村・近江興福寺庄等各地に所領をもっていた。

文保二年（一三一八）の譲状には、讃岐櫛無保・信濃水内郡大田庄・下総相馬内ふかわの森・日向高知尾庄・豊前副田庄が見えるが、室町時代にはほとんど南九州の所領のみとなった。鎌倉時代各地に派遣された島津氏が名字を後世に伝えたかどうかは疑問である。

近江の佐々木氏には古く阿倍族の佐々木山流があり、沙々貴《ささき》神社を氏神とし、近江国蒲生・神崎の二郡に栄えた。これに対して後に武士として発展した佐々木氏は、宇多天皇―敦実親王の後と伝えられるが、明らかでない。

両佐々木氏の間にどのような関係があるかは明らかでないが、少なくとも源姓佐々木氏が古来の佐々木氏の地盤を継承したことは確かである。ともかく源姓佐々木氏では左近将監成頼がはじめて佐々木庄に住んで佐々木氏を名乗り、孫経方が佐々木小脇楯《こわきのたて》に住み、経方の孫秀義は、保元・平治の乱のとき、義朝に従って合戦、頼朝の創業にあたって、その五人の子息等とともにこれを助けて大功があった。相模の渋谷氏と行をともにしていた関係上、佐々木氏も関東武士団の一つと考えてもよかろう。

五人の子のうち四郎高綱は、範頼・義経兄弟の義仲追討戦で、梶原景季と宇治川の先陣を争って名高い。太郎定綱は近江・長門・石見、次郎経高は淡路・阿波・土佐、三郎盛綱は越後・伊予、五郎義清は出雲・隠岐の守護職に任命された。『吾妻鏡』によると、五人の子息はあわせて十七ヵ国の守護職を帯したという（弘長元年（一二六一）五月十三日）。しかしその後経高や盛綱のように事に座して所領を没収されるものもあり、鎌倉末期まで残ったのは、近江と出雲・隠岐の三国のみとなった。

佐々木の嫡流は承久の乱に二分し、定綱の長男広綱は院方について所領を没収されたが、弟の信綱は関東より攻め上って宇治川の先陣に功あり、近江の守護に任命され、惣領をついだ。信綱の子泰綱は六角家の、氏信は京極《きようごく》家の祖、嫡流六角氏は以後近江守護を継承し、南北朝以降、近江国十三郡のうち江南八郡を領有、六角氏からはさらに堀部・森川・山内・鳥羽・藤島・川島・栗本・高井・梅戸の諸氏を輩出した。(21)

これに対し、京極家は江北五郡を領有、領内の庄郷の名を名字にもった岡田・松田・浜河・松下・

高橋・甲良《こうら》・余吾《よご》・尼子・宍道《しんじ》・溝口の諸氏がわかれる。京極方は南北朝の内乱期、佐々木道誉が出て、足利尊氏を助けて室町幕府の成立に功あり、近江半国・出雲・隠岐・飛驒半国など六ヵ国の守護に任命され、その勢、惣領家にまさった。しかし応仁の乱後振わず、出雲・隠岐を守護代尼子、江北を守護代浅井氏に奪われて没落した。尼子は京極高秀の三子高久が近江犬上郡尼子庄を領して、尼子氏を称し、十五世紀のはじめ持久が出雲の守護代となり、その孫経久のときに山陰を制覇した。そのほか佐々木氏の一族で山陰に根をはった家々には、出雲の能義氏がある。乃木大将の家はこの流れである。

なお所領を没収された三郎盛綱の流れは、その子の信実が承久年間（一二一九―一二二）越後加地庄で謀叛をおこした河勾《かわわ》家賢を討った功により、鎌倉幕府から加地庄を与えられた。それより加地を名字とし、近隣に勢力を得、桓武平氏城《じょうし》氏流の加地氏を圧倒した。建武の乱に当国足利方の大将軍と称せられた。

佐々木の一族朽木氏は高島郡朽木を根拠とするが、なお陸奥栗原郡一迫《いちはざま》内板崎郷（「朽木文書」）、丹後倉橋庄内与保名村（建長三年（一二五一））に所領をあたえられていた。

北条氏および被官の地方発展

名字の分布が鎌倉武士の発展と深い関係のあることは以上によって明らかであるが、これと関連して考えられるのは、この時代、北条氏の勢力がのび、その一族ないし被官の名字が全国にひろがったことである。

北条氏は平貞盛の末流時家が伊豆介となって伊豆の北条に居住し、代々北条氏を称したのがはじめである。時方の子時政のとき頼朝を助け、しだいに権力をにぎった。一族には名越《なごえ》・江馬・田伏《たぶせ》・極楽寺・赤橋・塩田・普恩寺・金沢・甘縄《あまなわ》・伊具・大仏《おさらぎ》・佐介《さすけ》などの諸氏があるが、苗字として残ったのは塩田・江馬・金沢などの諸氏である。

北条氏の被官は、北条氏所領の拡大に伴い、その所領の代官として各地に派遣されたが、とりわけ得宗家（嫡宗家）の被官は御家人を凌ぐ勢力を示した。得宗譜代の被官として著名なのは、徳治二年（一三〇七）の北条貞時の円覚寺大斎結番《おおときのけちばん》（「円覚寺文書」）に見える人々である。工藤・安東・合《あい》（会）田《だ》・大瀬・小河・横溝・高柳・伊具・小笠原・渋谷・亘理《わたり》・安保・神・長崎・武藤等である。この中には安東氏のように津軽出身ないしこれと縁の深いものもあるが、多くは伊豆・相模・駿河東部を根拠とする小土豪であり、伊豆の北条付近に住む小土豪は多く北条氏の被官となった。長崎氏も伊豆国長崎郡に本領をもち、[22]肥前国長崎をはじめ、陸奥国でも栗原郡二迫長崎・遠田郡長崎郷に所領を有し、戦国期まで勢力を誇っている。長崎氏が移住の地で本貫の長崎に似た地形のところへ長崎の名をつけたことが想像される。[23]

曾我氏は相模国足柄郡曾我郷を本領とし、曾我十郎祐成《すけなり》・五郎時致《ときむね》兄弟の仇討で名高い。祐信―祐綱のときから北条氏と親しく、その一族は、北条氏が地頭をしていた津軽の岩楯《いわだて》郷や平賀郷の地頭代に補任された。はじめは必要に応じて津軽に下向する程度であったが、鎌倉末期には郡内各地に移住し、館を構えたらしい。曾我氏はさらに陸奥国名取郡や信濃・筑前・近江・武蔵等にも所領をもっていたが、その中には北条氏の地頭代として、所領の経営にあたるものもあった。横溝氏は、工藤氏と祖先を同じくする甲斐の土豪で、東北では南部地方の糠部郡《ぬかのぶ》南門《みなみかど》に代官として移住している。

工藤氏は祐経のとき頼朝に信任せられ、建久元年（一一九〇）頼朝から日向国の地頭職と奥州鞭指庄等多くの所領を給せられたという（『日向記』一）。

いっぽう、甲斐の工藤は維職の弟の景光からはじまる。石橋山の合戦に参加し、さらに弟の行光とともに奥州征討に従った。この行光は頼朝に従って岩手郡厨川《くりやがわ》に到ったとき、岩手郡を給され、この厨川に居を定めたことが知られる（『吾妻鏡』）。この岩手郡は盛岡平野のほとんど全域を占める北上川西部を中心とする地域である。この厨川工藤氏にややおくれ、津軽および糠部にある北条氏領の代官として工藤氏が派遣された。

伊豆に居をかまえる工藤氏は北条時頼とごく親密な関係にあったらしく、時頼の臨終にも、尾藤・安東・長崎とともにその枕頭に侍することを許されている（『吾妻鏡』）。工藤杲禅《こうぜん》は弘安（一二七八―八八）以降得宗分国《とくそうぶんこく》若狭の守護代となるとともに、税所《さいしょ》今富名の地頭代を兼ね、太良《たら》庄の地頭代工藤貞景とならんで、北条氏の代官として現地に臨んだ。

津軽では、工藤一族が鼻和《はなわ》郡目谷郷、山辺郡二想志郷・田舎郡上冬居郷を重代の所領とし、岩木川の流域で軍事交通の要地であった黒石郷とあわせて、田舎郡の政所をも管理した。今日津軽地方では、曾我氏の名字はなぜかあまり残っていないが、工藤氏は広く分布している。

糠部でも一戸・七戸および湊のある八戸に工藤の給地があった。寒河江《さがえ》庄は鎌倉のはじめ大江親広が地頭職に任命されているが、親広が承久の乱のとき院方となったため、谷地を中心とした河北一帯（寒河江庄内五ヵ郷）の地を幕府に収公され、やがて得宗領となった。それは円覚寺に同庄の寄進された永仁三年（一二九五）以前のことである。しぜん得宗被官の工藤氏（刑部《ぎようぶ》衛門入道）がこれを知行した。工藤氏はさらに栗原郡二迫や伊具郡にも給地をあたえられるなど、その所領は東北各地におよび、したがってまた工藤姓は津軽・糠部地方をはじめとしてかなり地域的に蔓延を見せている。

信濃の工藤は伊那郡の小出を本拠とし、建長三年（一二五一）には小出工藤能綱が伊那郡小出・二吉両郷を子師能に譲っている（「工藤文書」）。豊後では元久二年（一二〇五）豊後国速見郡山香郷広瀬の地頭職を工藤九郎致寿らが拝領（「工藤勲文書」）、弘安（一二七八―八八）の図田帳には「広瀬六町六反　遠江国御家人内田工藤清致跡同三郎致持」とある。遠江が本拠であった。

諏訪氏は信州諏訪の大社を中心とする神官の家、諏訪一族は七家（七祝）といい、みな梶紋を用いた。『吾妻鏡』でもこの神紋は武将の間に尊ばれていたという。この神紋を家紋として使ったものに、知久・諏訪部・有賀・重田・中沢・宮崎・末崎・神ほか四十氏がある。現在何沢と称する姓の中には諏訪の系統をひくものが多いという（丹羽基二『姓氏』）。このうち神《みわ》氏は、南北朝の頃一党三十三氏があり、地方ではジンと称えている。このほか諏訪族を綜合すると、はるかに鈴木氏を凌ぐ。信州・甲州・越後等で前掲の苗字をもつものは、みな関係があると見てよい。

この諏訪氏が全国各地にひろがった一つの理由は、諏訪氏が北条氏と密接な関係をもち、その得宗被官となったためである。諏訪氏が移住せずとも、諏訪の信仰は北条氏の得宗領にひろがっていった。会津の葦名氏、薩摩の渋谷氏など、北条氏と親密な関係のあるものは、その領内に諏訪社を勧請している。陸奥好島《よしま》庄や津軽五所河原にも神氏がはいり込んでいる。

次に安東（藤）氏は、安倍貞任の子高星丸が津軽藤崎の地に逃れて安東氏を称したのが始めで、北条義時のとき、堯季が外三郡（奥法・江流末《えるま》・馬部）の管領を命ぜられたという。ついで寛喜元年（一二二九）十三湊にいた十三湊藤原氏を攻めほろぼしてここに移った。しかし安東氏は、外三郡のほかにも、外ケ浜をも管轄し、内三郡（田舎・平賀・鼻和）の中にも多くの所領をもち、糠部郡でも、津軽西浜の地頭代に任ぜられた。

安東氏では嫡流の貞季の代、十三湊に新城を築いて下国家《しものくに》を称し、西浜を中心とする庶流の次郎太郎（宗季）の流れは、上国家《かみのくに》を称して、男鹿半島にまで進出した。下国家はのち津軽安東氏、上国家は秋田安東氏となる。安東氏は北条氏の得宗被官として、さらに日本海方面に活躍し、若狭はもとより近江・播磨から西国方面に活躍しているが、これらの安東氏をすべて、津軽の安東氏と同族と考えるかどうかは、目下研究中である。それにしても安東（藤）の名字が安倍とともに東北に多く分布しているのは、安東氏の活躍と無関係には考えられない。

南条氏は伊豆国仁田郡《にった》（いま田方郡函南村《かんなみ》か）南条を名字地とする。延慶二年（一三〇九）二月の譲状によると、相模国山内庄舞岡郷と駿河国富士上方上野郷、さらに奥州三迫加賀野村にも所領をもっていたらしい（「富士大石寺文書」）。

足利氏とその一族

北条氏の発展について、苗字の分布したのは足利氏である。足利氏は源義家の孫義康を家祖とし、下野国足利庄を本領とする。頼朝以来幕府と深い関係をもっていたが、その本領の下野では小山氏が守護であったため、下野の守護となることはできなかった。足利氏が守護となったのは、上総と三河であり、上総は正嘉三年（一二五九）以来、三河は暦仁（一二三八—三九）以降その証拠がある。それぞれ足利氏の所領があるが、上総では足利氏一族の発展はあまり見られない。上野は新田氏の勢力が強かったが、足利氏でも、義兼の四男義胤が桃井郷を領して桃井氏をたて、義兼の次男義氏の子泰氏の次男義顕が渋川庄を領地として、渋川氏をたてた。武蔵にも、義兼の長男義純が畠山の遺跡をつぎ、子孫が発展している。奥州では斯波郡《しば》に所領があり、泰氏の長男家氏がこの地を領して斯波氏を立てた。

しかし足利氏の所領の中でもっとも重要であり、また一族の発展したのは、三河である。暦仁元年（一二三八）将軍頼経の上洛下向に際し、足利義氏は三河国矢作宿《やはぎ》の設営にあたっているから、ここに守護所があったと思われる。矢作宿は矢作川の変化でいまは碧海郡にあるが、もとは額田《ぬかた》郡にあったのであろう。額田郡には、義氏の従兄弟義実の三子が、それぞれ仁木《にっき》（実国）・細川（義季）・戸賀崎（義宗）の各郷を本拠として、仁木・細川・戸賀崎の三家を立てている。また付近の幡豆《はず》郡では、義氏の長子長氏が父の義氏から吉良《きら》庄をあたえられた（『難太平記』）。この長氏の子が満氏と国氏で、吉良氏と今川氏をたて、また足利義氏の孫公深は幡豆郡吉良庄の一部である一色《いっしき》に住して、一色氏を称した。足利尊氏が天下を制覇するにおよんで、これらの一族は各国の守護となり、同族もその地に栄えた。なかでも細川氏は幕府の管領としてもっとも勢があり、阿波・讃岐を中心として、備中・淡路・河内等を領国とし、戦国大名となった。戦国末期には支流の藤孝・忠興父子がよく家を再興し、徳川氏から肥後の大名に任ぜられた。足利氏の一族としては苗字を後世に伝えた大姓である。

畠山氏も明徳の乱（一三九一）後、山名氏の旧領を獲得、河内・越中・能登の守護となり、応永の乱（一三九九）後は紀伊の守護をも兼ね、三管領家の一員となったが、早く一族が分裂して衰えた。畠山氏の家臣遊佐《ゆさ》氏は出羽の遊佐郷の出身、畠山没落後、陸奥の鳴子などに散在している。三管領の一員斯波氏は、越前・遠江・尾張の守護となり、庶流は奥州に発展して、大崎・最上《もがみ》の大名となった。今川氏は駿河・遠江の守護となり、戦国大名として繁栄した。

なお足利氏の部将としてその信任を得ていたものに、高師直の出た高《こう》がある。これは高階《たかしな》氏の末といわれ、二字の姓を一字に略した。下野国を本拠とし、その支族に大田原・大多和・岡松・南・大高・小高・大平・窪田・彦部・刑部・芦屋・泉・田中などの諸氏がある。このうち彦部氏の祖は平安の末期、陸奥菊田郡窪田郷勿来《なこそ》の検断職として奥州に下向、はじめ窪田氏を称したといわれ、紫（斯）波郡彦部郷（岩手県）に移ってのち、彦部氏を名乗った。その一部は桐生付近の広沢村にも移り住み、足利氏の家宰となり、江戸時代には絹織に従った。

足利氏の被官としては、鎌倉時代に倉持氏がある。上総を発祥の地とし、下野足利庄の国府屋敷を本宅とし、陸奥賀美郡に領地をもち、陸奥・三河その他足利氏所領の管理にあたっていたが、室町時代にはその名が現われない。これに対し、伊勢出身の伊勢氏は鎌倉末期上総の守護代となり、さらに幕府の政所《まんどころ》執事を世襲して、実力をもっていたが、幕府の没落と運命を共にした。

足利氏と関係の深い氏として、さらに上杉氏をあげねばならない。上杉氏は勧修寺流藤原氏の庶流である重房から出ている。丹波国上杉庄を名字地とし、重房の孫清子が足利貞氏に嫁して尊氏を生んだので、足利氏の一族として同家の執事となった。その後、関東にあって関東管領の執事となり、一族は扇谷《おうぎがやつ》・宅間・犬懸《いぬがい》・山内の四家にわかれたが、いずれも上杉の通姓をとっている。のち北条氏に追われ、越後に逃れると、もと家老であった長尾景虎（謙信）に家を譲った。これより、のちの上杉氏が栄える。

〔補註〕

（1）有名な家族が名字をもったまま移住するようになって、地名と字との関係がしだいに絶たれるようになった。江戸時代にはいり、名字はほとんど固定し、分家も本家の名字を称するのが一般的になった。

（2）大友惣領家の豊後下向は三代頼泰のときで、蒙古襲来に備えて幕府が御家人に鎮西の所領に下向するような命令を下してからである。文永八年九月には肥後国御家人小代氏に下向と異国警固および悪党鎮圧を命じている。頼泰も翌年代官を下し、まもなく下向しているが、庶子家の下向はこれよりも早い。

（3）梶原——陸奥本吉郡唐桑村石浜の梶原堂は建保五年鎌倉若宮の別当東光坊景実の創建と伝えられる。この石浜部落には梶原姓を名乗る旧家が多く、その宗家と称せられる家に創建の時、祠に納めたという源頼朝と梶原景時・景季の木像と画像とがある。景実は景時の兄、鶴岡八幡宮の別当の職にあったが、頼朝の死語、景時等一族の没落によって建保四年鎌倉を去り、この地に小庵を結んだ。

（4）また、大井氏は武蔵国荏原郡内大社・永富郷の地頭職。『吾妻鏡』にも「大井宗春、秋春、頼郷」とみえる。小川氏は『武蔵七党系図』によると、日奉姓。武蔵多西郡小川郷。承久の乱の功によってサツマ甑島に移ったとあるが、実際は宝治合戦の結果闕所地となった。

（5）児玉は薩摩にもっとも多いのではないか。

（6）このうち四方田氏は『新編追加』によると、左衛門尉が京都で野本四郎左衛門の郎等に乱暴されたことを記している。また『吾妻鏡』には、四方田左近は元久元年備前御調本北条の地頭を停止されたとある。

（7）毛利氏の家臣では天正六年二月に淡路岩屋城守将となった児玉就栄などがある。

（8）三浦氏は海軍的機能をもっていた。頼朝は三浦の舟で上総に渡ったし、宝治合戦に際しても上総・安房から甲冑を運んでいる。三浦半島の小多和湾には海船数百艘が迫ることが出来る。三浦氏は相模国東海軍の雄であった。

（9）『吾妻鏡』養和元年八月二十七日条には、「渋谷庄司重国次男高重、竭無弐忠節之上、当知行渋谷下郷所済乃貢等」とある。

（10）本来ならば能直は大友氏ではなくて、親能の家をつぐべきであるが、大友経家の家を嗣いだ。且つ能直以後の大友氏は鎌倉時代には藤氏を、南北朝時代以後は源氏を称した（「大友文書」「志賀文書」）。

（11）毛利氏は、相模国森庄を領して毛利の名字を称し、のち河内半田・安芸吉田に移っても毛利の名字をすてなかった。

（12）安芸・備後の守護に最初に任ぜられたのは宗孝親・土肥実平であった。宗という姓は全く目だたないが、土肥の名は呉市にかたまっているほか県内に伝わっている。

（13）広島県沿岸部や島には小早川の名を伝える家は少なくない。

（14）なお、広島市を中心に地頭香川氏の末裔と推定される香川姓がかなり分布している。香川氏は讃岐国香川郡の地名を負った族だが、これは相模国に出身をもつ桓武平氏鎌倉氏族なのである。五郎経高の子経景は承久の乱に功があり、安芸佐伯郡（安芸郡）八木（山県郡八木）の地の地頭職として八木城にいた。「平群系図」には、「忠道、相州鎌倉・梶原・長尾・長江・香河・小坂・柳本・金井等祖」

とあり、また、「香川系図」には、「五郎経高、香川庄を領し、子孫香川を氏とす」とある。

(15) 本間氏は承久の変によって新補地頭になり佐渡に領地をあたえられた。小野姓横山党。佐渡両津市には二百軒位の本間姓が、新穂村・佐和田町にある。

(16) なお「吉川家文書」では吉川氏の本貫を駿河国木河と書いている。貞応二年の淡路国大田文には来馬庄地頭は木河次郎とあるが、木河が吉川・吉香とならび使われたことは「吉川系譜」に明らかである。

(17) 陸前の千葉氏は、気仙の千葉氏と磐井の千葉氏にわかれる。後者の西磐井の千葉は山目辺、東磐井にわかれる。東磐井の大東町辺がその根拠地である。

(18) なお阿曾沼氏は、秀郷から九代めの足利家綱が安蘇八郎太夫と号す。その弟有綱の嫡男が佐野太郎基綱、四男が阿曾沼四郎広綱である。一書には浅沼にも作る。下野（いま上野）安蘇郡安蘇郷阿蘇沼あたりである。

(19) 伊達氏はもと下野国芳賀郡中村庄に住し、中村氏を称していたが、後常州の伊佐庄に移り住んだものと思われる。その距離は約八キロメートル程である。伊佐庄に移って後も旧の如く中村と呼ばれ、勿論伊佐ともよばれたことであろう（中村魚彦「中村城跡と伊達氏」『栃木県史研究』）。

(20) また、常陸の笠間・真壁・相馬・宍戸・佐竹・結城・岩間など茨城の地名から出た姓は全国に沢山ある。

(21) 佐々家は宇多源氏で、定綱九代の孫七郎左衛門従五位下豊後守高長にして当時将軍義満公の命により佐々と改む。畠山の家臣として享禄三年畠山家没落せしにより、其子三河守守高の時奥州に下る。

(22)「阿蘇家文書」上には、「注進　官軍等恩賞所望闕所地事　興国七年四月八日、他門分、一、長崎三郎次郎善政申本領日向国高知尾庄内長崎村地頭職事」とある。また貞応年間には、伊豆国長崎庄の地頭職なる長崎小太郎重綱が時津村字小島田郷（城山の麓）に所領を給わっている。

(23)長崎氏——平重盛の第二子資盛の子盛国が北条時政の助言があって特に赦免され、平盛綱の時長崎氏を称し、後に北条氏の家宰にまであげられた。義経が二度目の奥州下りの時に長崎四郎は討手となり、その後一迫郷長崎村を所領にあたえられた。猪ケ鼻・境・鹿込・佐野等の館をかまえた。字西風（ならい）にある法幢寺は、弘安年間、長崎四郎隆実の開基である。肥前の長崎は、元弘の乱に鎌倉を逃げ出した長崎氏の一党、勘解由左衛門為基が肥前玉ノ浦に居ついたものである。

七　苗字の地理的分布

有力な苗字

鎌倉武士の地方移住は、苗字の伝播をもたらした大きな原因であるが、その移動にも遠近・大小の差がある。また戦乱による離散や職業による庶民の移動もあろうし、地方には地方特有の苗字が数多く存在するから、これを無視することはできない。

いま佐久間英氏の『お名前風土記』や丹羽基二氏の『姓氏』、板坂康弘氏の『日本人研究』などを参考にしながら、地域による分布の大きな相違を見よう。この場合北海道は、東北地方と越後・越前からの移住が維新前後からおこなわれているので、大体東北型と見てよい。また沖縄は独特の苗字をもっているので、考察の外に置きたい。

まず第一位の鈴木は、前に述べたように、関東地方を中心に、東北・東海地方に多く、熊野の漁民の移動と熊野信仰の伝播の所産である。第二位の佐藤が、東北・関東地方に多いのは、下野を発祥の地にしながら、奥州の信夫地方に拡大し、平泉藤原氏の信頼を受け、南北朝後、一は葛西の武将、一は留守の家宰となったためであろう。これに対し、中部や西日本では、田中と山本が多い。田中姓の多いのは、水田開発が文化の進んだ近畿と北九州にさかんであった関係ともいわれる。下野国足利郡田中村から起った新田氏の支流は越後にひろまった。また淡路海部郡の名族田中氏もある。田中姓でそのどちらが多かったかは明らかでない。山本姓は中国・四国・近畿を主として西日本に多いとされるが、岡山・和歌山・山口・鳥取・島根に密度が高い。この中では、清和源氏で近江の浅井郡山本に発するものが、近江の住人の西日本海沿岸への発展に伴って拡大し、とくに佐々木京極氏と関係をもったことを念頭におきたい。

渡辺姓は、渡部が日本海方面にひろがっているのに対し、東北地方を中心として全国的だといわれる。これは嵯峨源氏の主流摂津渡辺党が関東と北九州に発展したのと関係があろう。後世、一部は三河の浦部に移り、もっとも著名なのは、和泉伯太《はかた》藩主となった。第六位の高橋は東北地方に多く、関東・中国・四国にも分布している（本書四七頁）。小林は、関東・中部地方にとくに多い。小林は関東の山名の家臣といわれるが、ひろく分布した理由を知りたい。(1)中村姓は、九州にとくに多く、関東にもひろがっているといわれるが、その発生は多岐にわたり、その系統の研究は今後の課題である。伊藤姓は、伊勢を本拠として、尾張・美濃・近江に発展した。斎藤は北陸・北関東から東北にかけて分布している（本書六〇頁）。加藤姓は、尾張・美濃・伊勢を中心とする（本書六一頁）。

山田姓も普遍的であるが、それが東海地方に多いのは、伊勢山田の御師《おし》との関係であろうか。(2)この地には神宮の御領である御厨が到るところに散在する。吉田姓は普遍的な地名に基づくが、京都・大阪に多い。京都吉田神社は宗源《しゅうげん》神道の祭場で、吉田の一族の発展にあやかるものの多かったことも推察される。別に相模に吉田党が栄えている。佐々木姓については一一四頁参照。井上は西日本一帯にひろがっているが、その中でも信濃・甲斐・武蔵・播磨・安芸に密度が高い。その理由はこれからの課題である。木村姓は西日本一帯に多く、東北地方にもひろがるといわれる。このうち下野国都賀郡の木村は秀郷竜の足利氏、近江蒲生郡の木村は佐々木流、このあたりが主流であろうか。松本姓は、西日本に多く、とくに中国・四国に多いとされる。信濃筑摩郡松本・伊勢三重郡松本出身のものがある。清水は関東・中部と東北地方に多い。常陸筑波郡の清水郷や近江国犬上郡の清水庄出身のものがある。林姓は近畿・中国・四国に多く、中部・関東などにもひろまっている。古代の帰化人の流れを酌むものもあろう。

分布の背景

陸奥―磐城・岩代（福島県）　室町時代、会津地方（岩代）は三浦氏の庶流葦名氏、信達地方（岩代）は伊達氏、浜通り（磐城）は相馬・磐城氏等が割拠していた。いっぱんに佐藤・鈴木・渡辺・斎藤が多いが、今日会津では渡部・五十嵐、中通り（磐城・岩代）では佐藤、浜通りでは鈴木・渡辺などが注目される。

陸奥―陸前（宮城県）　室町時代には多賀国府を中心として宮城・留守の諸氏があり、北方に葛西・大崎の諸氏がひかえていたが、南方から伊達氏の勢が及んできた。今日も目につく姓は、北から高橋・千葉・佐々木・小野寺、三陸沿岸に熊谷・鈴木、南方および石巻付近に佐藤・斎藤・菅野・菅原があり、山形県遊佐から鳴子付近への遊佐氏の移住も考えられる。三浦氏など有力な鎌倉武士の苗字がここにかなり残っている。

陸奥—陸中（岩手県）　鎌倉時代、葛西・工藤・河村・阿曾沼・稗貫・南部・和賀などが所領をもっていたが、南北朝の後半期には南部氏が進出、三戸と八戸にわかれ、八戸南部氏が領国制を確立した。しかし大浦氏の独立によって津軽地方を失った。苗字としては、全体に佐藤姓が多く、南方では高橋・佐々木・阿部姓が目につく。厨川付近と糠部《ぬかのぶ》地方に工藤姓が多く、東部に鈴木・久慈《くじ》姓が分布。八重樫《やえがし》・及川《おいかわ》もこの地方の中部に多い。

陸奥—陸奥（青森県）　東方糠部地方に南部、西方津軽地方に工藤・安藤が割拠、のち大浦氏が南部から独立して、津軽を統一した。津軽地方では、「一に工藤、二に成田、三に斎藤」といわれ、東部には鈴木・工藤の姓が見える。北畠や菊池の一族も亡命し、子孫を残している。

出羽—羽前（山形県）　鎌倉時代北方大泉庄に武藤氏、東方寒河江《さがえ》に大江氏、南方置賜《おきたま》地方に長井氏があったが、南北朝の中頃、足利の一族斯波兼頼《しばかねより》が山形に入部、最上川以東の村山地方を制圧、最上氏を称し、南朝方の大江氏を降した。南方では伊達氏が長井氏を追放して置賜全土を領有した。その状勢の下に、佐藤姓が庄内平野にひろがり、斎藤姓が日本海寄りに、鈴木姓が東日本から、富樫・本間・五十嵐・阿部も越後・加賀から進出した。成生《なりう》庄付近にはいまも二階堂姓が多い。

出羽―羽後（秋田県）　安藤氏のあとである秋田氏は、十四世紀以来、出羽の北部に勢を振い、実季のとき、秋田湊中心に統一した。南方には、小野寺氏が稲庭から横手に進出、秋田氏と対峙した。西方には信濃から移住してきた由利十二頭《とう》がある。苗字としては、佐藤・高橋・佐々木が多いが、甲斐から来た浅利、武蔵武士の成田の姓も目につく(3)。

豊前の一部・筑前・筑後（福岡県）　鎌倉時代、筑前では少弐氏が大宰府にあり、やがて大内義弘が大友氏と結び、少弐氏を追った。その後大内義隆の代に大宰大弐ともなり、筑前・筑後、豊前の守護を兼ねて、北九州を支配したが、豊後の大友宗麟が筑前・肥前・肥後にまで勢力をのばした。大宰府の在庁官人であった原田や旧土豪の大神などの姓が数多く分布している(4)。

日向（宮崎県）　工藤祐経の子孫伊東氏が田島を本拠としてしだいに勢力をひろげ、日下部《くさかべ》氏（妻）・三田井《みたい》氏（高千穂）・肝付《きもつき》（属）氏（諸県《もろがた》）等も根を張っていた。伊東氏は戦国時代日向一円をおさえたが、島津氏に破れた。姓としては、黒木・日高・甲斐が日向特有のものである。

豊前の一部・豊後（大分県）　鎌倉初期、大友能直は緒方（大神）一族の抵抗を排して、豊後国内の地頭職を獲得、南北朝の争乱後、豊前をめぐって大内・大友の争いがあり、大友は大内の没後全盛時代を迎えたが、秀吉に除封された。姓に佐藤・工藤・斎藤・高橋・鈴木が多いのは、鎌倉武士の移住が多かったためであろう。

肥前・対馬・壱岐（佐賀県・長崎県）　北九州に勢をもっていた少弐氏は、大内氏のため肥前に追われ、そのあと、肥前の豪族松浦党・有馬・大村・千葉・竜造寺の諸氏が割拠の状勢を示した。松浦は平戸を中心として大名となり、有馬は藤津・彼杵《そのき》の二郡を領し、大村は彼杵郡大村に居をかまえ、千葉は南北朝以来、肥前に住みつき、小城・佐賀・杵島の三郡を領地とした。竜造寺は源頼朝から肥前小津東郷をあたえられ、弘安の役の功によって佐賀郡竜造寺などを領地とし、隆信のときに大内義隆の助けを得て、少弐を破り、さらに毛利と連絡して、肥前の大部分を支配下においた。しかしまもなく有馬およびその援軍島津と戦って戦死した。土着の有力者の残るものは、対馬を除くと比較的少ない。原田や前田、それに帰化人の子孫の古賀氏の分布が目につく程度である。

肥後（熊本県） 南北朝このかた北部に菊池、中部に阿蘇の両家が存続し、球磨《くま》の相良《さがら》氏もまた鎌倉以来の家柄をほこっていたが、菊池・阿蘇両家は家督争いを重ねて衰運にむかい、菊池氏は大友義鎮に滅ぼされた。この地方では中村・松本が多いが、古来の緒方がこれに続くところに、緒方一族の潜勢力を見るべきである。荒木も鎌倉以来の地頭で、苗字の数は多い。

薩摩・大隅（鹿児島県） 鎌倉はじめから、薩摩・大隅の地は島津氏が守護となったが、島津入国以前から、薩摩には、川辺《かわなべ》・伊集院・市来・入来・新田八幡宮 執印《しゆういん》・揖宿《いぶすき》の諸氏、大隅には肝属《きもつき》・禰寝《ねじめ》・菱刈《ひしかり》・佐多の諸氏があり、しだいに島津氏に服従していったが、なお叛服つねなく、島津氏にも内訌があった。その間日向の伊東、肥後の相良は連合してこれを攻めようとしたが、元亀（一五七〇―七三）・天正（一五七三―九二）の頃、島津義久が国内の肝属・禰寝・伊地知《いじち》の諸族をしたがえ、伊東氏の軍を破ってその地をあわせた。旧土豪の姓が他国より多く残っている。

周防・長門（山口県）　大内氏は百済の琳聖《りんしょう》太子の後裔と伝えられ、その子孫が周防大内村に住んでいたため、大内氏を称するようになった。その確かな歴史は、平安末から国庁に仕えて、周防介または周防権介に任ぜられたのがはじめで、鎌倉末期から南北朝期にかけて、この地方の地頭的領主はしだいに大内氏の配下に立った。大内弘世《ひろよ》は周防・長門・石見の三ヵ国の守護となり、子の義弘は、さらに和泉・紀伊の守護職に補せられた。応永の乱（一三九九）で、義弘は堺に敗死したが、大内氏はまもなくその勢をもりかえし、中国地方に覇をとなえた。苗字には中世の系譜をひくものが多いが、安芸の諸豪族、たとえば井上党なども関ケ原役以後この地に流入した。山本・田中・佐々木などが上位を占め、藤井・山根も見える。(5)

備前・備中・美作（岡山県）　播磨の守護赤松氏は、美作・備前の守護となっていたが、この赤松氏に属する浦上《うらがみ》氏が、要港室津《むろのつ》を支配し、赤松氏の再興に力をつくした関係から、赤松氏に代って力を得、備前東南部を支配し、やがて備前の守護となり、戦国大名となった。北方、尼子氏の勢力も美作にのび、西方からは毛利が備中をおさえた。この間に児島に住む三宅氏が備前南部の海岸地方に発展し、宇喜多《うきた》氏と改姓、主家である浦上氏をほろぼし、美作の後藤氏を討って、備前・美作を統一した。苗字としては、山本・藤井・三宅が上位、三宅は、岡山から児島半島にかけて広く分布、藤井は帰化人の子孫、吉備津宮の神職家を中心とする一族である。

安芸・備後（広島県）　鎌倉時代芸備の海上では、因島《いんのしま》に本拠をおく村上氏と、竹原や生口島《いくち》によった小早川氏が勢力があった。室町になると、安芸の武田氏、備後の山名氏に代って周防の大内氏が進出し、山陰の尼子氏の勢力も芸備に及んだ。この間に毛利元就が進出、竹原・沼田の小早川氏および新庄吉川《きつかわ》氏と縁を結んで、芸備両国の大半をおさえた。苗字では、尾道に村上姓が密集し、備後に藤井姓が多い。また吉川・小早川・熊谷・武田・土肥・山内・平賀など鎌倉武士の姓が各地に残るが、さらに石井・天野なども目につく。いっぱんには田中・中村・高橋が多い(6)。

伯耆・因幡（鳥取県）　室町時代因幡・伯耆の守護となったのは山名氏であるが、応仁の乱後、出雲の尼子が乱入して伯耆一円にのびた。ついで毛利氏が勢力を確立した。苗字として山本・田中・井上などいっぱん的な名が出ているのは、土着の豪族があまり振るわなかったためであろう。

出雲・石見・隠岐（島根県）　平安末期、出雲には朝山氏、石見には益田氏と、地方官出身の土豪があったが、鎌倉以来、佐々木の一族が出雲・石見・隠岐分封された。出雲では佐々木が栄え、隠岐ではその一族が隠岐氏をとなえたが、石見では益田の勢が強く、佐々木を駆逐した。益田は十二世紀の初頭、藤原国兼が那賀郡伊甘《いかま》郷に土着し御神本《みかもと》大明神を崇拝したので、御神本を称した。しかし一族が石見国西半にひろがったので、美濃郡益田に移り、益田氏を称した。吉見氏は源範頼の後、弘安（一二七八—八八）の頃能登から移り、津和野に館をおいて勢をのばした。苗字としては、山本・田中・高橋・松本など西日本に多い姓が分布しているが、これも伯耆と同じく、この地方に移動が多かったためであろう。

伊予（愛媛県）　越智氏が古くからの豪族で、祖神として大山祇神《おおやまづみのかみ》をまつり、また国造として勢力をもった。現在の苗字でも圧倒的である。この越智氏から河野氏が出て、国衙の在庁官人として勢力を張り、守護にも任命された。南北朝期、通盛は一族土居《どい》・得能《とくのう》とともに南朝に属したが、その子孫は足利氏に降り、伊予守護となった。伊予と安芸の島々には村上を姓とする家が多い。因島の家を中心とし、これに能島《のしま》・来島《くるしま》の三家を本家筋とする。

土佐（高知県）　細川氏の勢力が衰えてから、配下の七人衆が七郡を支配した。山田・大平・吉良・安芸・津野・本山・長宗我部の諸氏である。応仁の乱を避けて中村に下向した一条氏は、やがて土佐の国司に任命されたといわれるが確かな史料はない。戦国時代、長宗我部氏が勢力を強めた。苗字では山本・山崎・浜田などが注目されるが、平家の落人と伝える小松の姓も多い。公文・仙頭《せんとう》（名主類似のもの）・門田など荘園の遺制ともいうべき姓が見えるのも、土佐なればこそである。

阿波（徳島県）・**讃岐**（香川県）　鎌倉末期、小笠原長清が阿波の守護となり、三好郡池田にあって三好氏を名乗り、阿波一国を支配した。室町時代になって、細川氏が守護大名となったが、実権は三好にあった。讃岐も同様である。苗字では、阿波で森・田中、讃岐で高橋・田中が多く、三好・香西《こうさい》など細川の家臣の名も残っている。高橋の姓が多いのは御厨《みくりや》があったためか(7)。

摂津と丹波の一部・淡路・但馬・播磨（兵庫県）　南北朝内乱後、但馬は山名、播磨は赤松が守護となった。赤松は赤穂郡出身、はじめ宇野名、のち赤松名《みょう》を名字地とした。嘉吉の乱（一四四一）に赤松氏の本家は滅亡したが、まもなく再興、一族は備前・美作・和泉・摂津・伊勢など各地にひろがり、いまもその姓は多い。(8) その家臣小寺が姫路、別所が三木を守った。淡路は熊野の海賊安宅《あたか》氏が由良城主となり、土着の勢力をもった。瀬戸内海沿岸では、田中・山中・井上姓が多い。(9)

紀伊（和歌山県）　有田川の流域には湯浅党が根を張り、南方には熊野関係の豪族新宮・鈴木等の党が水軍として活躍していた。守護では畠山が長かったが、応仁の乱で二分し、そのあとをとどめない。山本・田中などの姓が多いが、雑賀《さいが》・湯川《ゆかわ》・貴志《きし》・榎本《えのもと》などの土豪の苗字も多い。

伊勢・伊賀・志摩（三重県）　南北朝以後、北伊勢は室町幕府の勢力下にあり、関氏など小領主が輩出、南伊勢には北畠氏が守護となった。苗字で多い伊藤は伊勢の藤原氏、加藤は尾張に近い北伊勢に多い。度会《わたらい》・世古《せこ》の姓は神宮の祠官・御師から多く出ている。

大和（奈良県）　興福寺の衆徒《しゅと》、春日社の神人《じにん》は、南北朝内乱後、武士として成長した。北大和では筒井・古市、南大和では十市・越智《おち》がそれである。やがて筒井が勢をのばし、ついで松本久秀の登場となる。苗字としては田中・吉田・井上・石田などが多く、辰巳・乾など六方衆の後身と思えるものや、葛城（木）・橘・藤井・三輪・坂上などの古い姓も見える。(10)

近江（滋賀県）　近江源氏の佐々木氏と秀郷の末流という蒲生氏が有名である。佐々木は六角と京極にわかれ、のち浅井氏が主家の京極氏を倒した。田中・山本・中村姓が最高位。このうち山本は清和源氏、浅井郡山本から起った。中井・西川・伴《ばん》などの姓は近江商人に多い。

丹波の一部・山城・丹後（京都府）　姓としては田中・山本・吉田など、いっぱん的なものがある。(11) 吉田の中では神楽岡の神職吉田の一党が多く、神祇界での勢力がうかがわれる。公卿の称号をもつ家が多いのは当然である。両丹地方には帰化人系の糸井姓が目につく。(12)

摂津の一部・河内・和泉（大阪府）　京都とあまり相違はないが、和泉では中・要《かなめ》など旧家が多い。

越前・若狭（福井県）　最初の領国大名朝倉氏と対抗して、一向一揆の勢力が強かった。田中・山本・渡辺などの姓が多いが、歴史的に著名な苗字が少ないのは一向一揆のためか。

加賀・能登（石川県）　守護大名から戦国大名に転身しようとした能登の畠山は、家臣団の内訌で自滅し、加賀の富樫は一向一揆によって滅んだ。中村・山本・田中・小林・吉田などの姓が多いが、富樫や林など鎌倉以来の土豪の姓も残っている。(13)

越中（富山県）　鎌倉時代、宮崎・石黒両党の勢力が強く、室町時代には畠山の分国となり、遊《ゆ》佐《さ》・椎名《しいな》両氏あるいは執事である神保《じんぼ》氏が政治をとっていた。現在の苗字としては中村・山本・田中・渡辺・小林などがあるが、林が最高位である。林は利仁将軍の流れを受け、寿永二年（一一八三）富樫とともに平家の軍を迎えうった家筋である。

越後・佐渡（新潟県）　平安の末、城氏が没落ののち、三浦和田・色部などの土豪が割拠、南北朝の後半期上杉氏が守護となったが、やがて守護代の長尾氏がこれに代り、越後を統一し上杉氏をとなえた。苗字としては信州の小林が進出、謙信の城持侍にも小林がある。しかし佐藤・渡辺・高橋・鈴木が多いのは東北的である。五十嵐《いがらし》姓は越後特有である。五十嵐は信濃川と五十嵐川との合流する三条の付近にあり、子孫は越後を中心として、会津や北関東にひろまった。(14)柳田国男氏は、これを弥彦《やひこ》の信仰の伝播と結びつけておられる。(15)

佐渡では、守護北条氏の代官として、本間が支配し、子孫は島内一円に分れ住んだ。

美濃・飛驒（岐阜県）　美濃では清和源氏の末流土岐氏が根を張り、室町時代この国の守護になった。多治見《たじみ》・明智《あけち》・池田・浅野などが分岐。戦国時代、家臣の斎藤氏に放逐された。織豊政権の地盤であっただけに、大名となったものに池田・加藤（光泰）・稲葉・金森・明智などがある。苗字では県南に加藤が多く第一位、岐阜付近では、「福井・中島・可児《かに》・林」といわれる。鷲見《すみ》も目につく。中島は尾張国の在庁官人である。(16)

飛驒では建武新政以来、姉小路が国司となったが、戦国時代、京極氏の被官三木氏が姉小路を滅ぼした。江馬氏・多《おお》氏などの潜勢力は、苗字の上でも無視しがたい。

信濃（長野県）　源頼朝は、木曾義仲を倒したあと、加々美遠元《かがみとおもと》（小笠原氏の祖）を信濃守に任じ、藤沢・海野《うんの》・望月らの土豪を多く用いたが、中部では諏訪大宮司が有力であった。南北朝内乱に小笠原氏は、東北部の村上・市川氏とともに北朝側に立ち、やがて信濃の守護となったが、甲斐の武田に追われ、諏訪・村上も武田の軍に破れた。苗字としては、諏訪一族、藤沢・望月・市川などの姓のほかに、伊那郡小林から起った小林姓が多く、越後や上野にも発展している[17]。

三河・尾張（愛知県）　三河では足利氏についで松平・徳川氏の一族が各地に発展していったが、その一族の苗字は在地にはいちじるしくない。半田に榊原姓が集中する程度である（佐久間説）。尾張では守護の斯波氏が衰えたあと、織田氏の一族が勢をひろげた。苗字では、伊藤・加藤が多く、水野・祖父江など土豪の子孫もひろがっている。

伊豆・駿河・遠江（静岡県）　足利氏の一族今川氏は氏親の代、駿河より兵を出して伊豆を攻略し、遠州一帯を制し、その子義元も松平氏と結んで、三国にわたる一大勢力を築いた。しかし織田信長に破れて子孫はこの地に残らなかった。姓としては東海沿岸に根を張る鈴木と、駿東地方に多い芹沢・望月が注目される。伊豆では土屋・河津などの姓が多い[18]。

〔補註〕

（1）小林は、上野緑野郡小林邑から起り、南北朝以降、山名の執事として因幡の守護代にもなっている。別に、信濃にも伊那郡小林邑から起った流れがある。

（2）同じく御師の活躍で全国に分布したものに筒井がある。応永十二年四月の筒井大弐順堪の旦那売券によれば、那智山御師としての筒井氏がしられる。

（3）佐藤忠信の子の義忠は出羽最上郡豊田邑（鮭川村）を本拠とする。

（4）福岡県内の地名を負っている姓としては、宗像氏の一族許斐姓・鹿毛姓、鞍手部の香月姓などが挙げられる。対馬の宗氏の姓も見える。

（5）山口県の圧倒的名字集団は山根である。このほか山口県に多い名字に、藤や吉・重の字を上においた名字がある。たとえば、吉武・吉岡・吉末・吉本・吉田・吉村・藤井・藤村・藤本・重枝・重松・重村・重本などである。

（6）広島市付近は関東の飛地といえるほどの濃さで、鎌倉御家人の血筋が受けつがれている。また、安芸の井上党の末裔の井上姓も実に多い。

（7）徳島地方には、ほかに坂東氏・十河氏が多い。他方、香川県では、寒川・長尾・三木・三野といった姓も大へんに目立つ。長尾は漢帰化族の坂上氏の一族で、大和国葛下郡長尾邑発祥の一族であろうか。坂上姓そのものも香川県に多く伝わる。香川県大川郡長尾町は坂上氏族長尾氏の居住区かとも思われる。

（8）赤松氏に縁故のある姓が兵庫県に多い。浦上・宇野・有馬・安積・小寺・間島・別所・釜内・魚住・中村・櫛橋・依藤などで、このうち後世に名を残したのは別所氏である。

（9）淡路島には、稲田・但馬・久下・長沢・萩野があり、また安宅・船越・野口などの地侍がいる。このうち萩野・船越姓は兵庫県内にかなり多い。

（10）奈良県の特色は、関東地方の姓氏つまり血脈がまったく入っていないことである。また渡辺・鈴木・佐藤姓などもここでは目立たない。しかし、大和・伊勢からは長谷川を名乗る豪族が数多く出現している。

(11) 田中・山本・吉田のほかに、伊藤・鈴木・井上・池田・野村・吉岡・橋本・長谷川がある。また丹波では塩見・大槻・大江・上田（大江氏流）姓が多い。

(12) 京都府の姓を分類すると、次の四つとなる。①帰化人の系統、②大和朝廷の部民から藤原までの勢力、③出雲族、④他国からの流入。

(13) 柳田国男氏によると、小林は群馬県の方に小林という非常な豪族があったのがひろがったらしい。また、現在石川県に富樫姓は少ないが、その本命は山形県人となって繁栄している。庄内平野から内陸地方にまで富樫姓は非常に多く分布している。これについて井上鋭夫氏は、藤原利仁の加賀での後裔は林氏で、承久の乱で衰えたあと、富樫庄の富樫氏が代ったという。

(14) 佐藤は新潟市から越後平野北部、小林は信州に多い。ここには渡辺姓もとくに多い。また、伊藤・清水・池田・長谷川・金子・阿部・五十嵐・丸山といった姓はひとつの地域に密集する傾向をもつ。五十嵐は南蒲原郡下田村五十嵐小豊沼がその先祖の地で、五十嵐神社がある。

(15) 越後の五十嵐川の谷には、ある旧家を中心に語り伝えた大蛇の話がある。それによると、大蛇は死にあたり自分はこうして死ぬが、人間の少女には尊いすぐれた児をあたえてきたから、思い残すところはないと云い残して去ったという。果して此地方一流の勇士五十嵐小文次は此家から生まれた。

(16) 中島は濃尾に根をはる土豪で、尾張介をつとめていた。

(17) 長野出のものには、ほかに守屋・丸山・雨宮・碓氷・真田・諏訪・百瀬・八幡・小笠原・保科・滝沢・会田姓などがある。隣県の群馬の姓としては、星野・金子・狩野・逸見・茂木・飯野・大河原姓がある。

（18） 以上に記したほか常陸には、鈴木・小林・渡辺・佐藤・斎藤・園部など、のちにその地名となり、さらに苗字となったものがある。県内の地名を負った農民も非常に多い。

八　名字の固定と偽作

名字の尊重

鎌倉時代には、武士団の移住と分封とがさかんにおこなわれたため、庶子は付近への分封と地方への移住によって、新しい土地の名にちなんで惣領家とは別の名字をつくり、これを名乗るようになった。ところが室町時代になると、一族の中でも家督をつぐ惣領家の力が強まり、祖先以来の家名を尊重し、これを永く子孫に伝えようとする傾向が強くなった。名字の相続は家督の相続の重要な要素となったのである。[1] 一家の元祖は名字の元祖、家の断絶は名字の断絶と同じ意味に用いられた。たとえば、「櫟木《いちのき》文書」応永二十二年（一四一五）四月、権禰宜度会神主の譲状に、「当家の名字といい、形の如き所帯といい、永く譲与するところなり」とあるのは、家産とともに家名を一子に譲与したものである（中田薫『法制史論集』第一巻）。[2]

ここにおいて、その名字を同じくするものはたがいに固く結合し、名字衆とか、同名衆といわれるようになった。戦国大名においては、その家臣団の中に、この名字衆とか同名衆を家臣の中核におくものがある。「朝倉孝景条々」（黒川本）に、

朝倉名字の中之始、年の始の出仕の上着、布子《ぬのこ》たるべく候、ならびに各同名定紋を付させらるべく候、

とあるのは、その一例である。

名字を同じくするものの団結は、すでに南北朝の頃にはじまっている。紀州の隅田八幡宮を中心として結合した隅田党にあっては、これを構成する個々の家はみなちがった出自をもっている。すなわち隅田氏・葛原《かつらはら》氏・境原氏が藤原姓、松岡氏が源姓、上田氏が橘姓である。南北朝の頃になると、これらの諸家は形式的に家々の姓の上に隅田の二字を冠しはじめ、室町時代になると、一様に隅田を姓として名乗った。上田氏の系図によると、隅田氏以外の諸氏は、「紀伊国隅田侍都合二十有五家共、一家の余裔なり」と記している。一揆的な結合を強くするため、みな隅田何々と名乗り、それらは名字衆といわれたのである。

肥前の松浦党でも、南北朝期の文書を見ると、松浦相知《おうち》孫太郎秀とか、松浦鮎河六郎次郎信とかいうように、複合的な名乗りを用いている。近江の佐々木氏も早くから京極と六角の両流にわかれていたが、それぞれ、佐々木京極、佐々木六角と称していた。また出雲に分家したものは、佐々木古志《こし》あるいは佐々木布志名《ふしな》判官などの名字を用い、備前を領した家はまた佐々木飽浦《あくうら》庄司などと称している。

しかし一方では、惣領家の権威が高まるにつれ、惣領の統制に服しないものの名字を剝奪し、これを追放することもおこなわれた。このような制裁は、氏長者が氏族の要請に基づいて放氏の権を実行

したことにも似通っている。はじめは一族の団結をみだすものに対する放氏の制裁であった。すでに鎌倉時代の中頃、寛喜三年（一二三一）湯浅の一族四十九人が氏寺である施無畏寺《せむい》のことについて契約を交し、もしこれに背くならば、一家同心して、「其氏を放つべし」と申し合せている（「施無畏寺文書」）。これは一族的結合の一つの現われと認められるが、このような放氏は庶子の独立がいちじるしくなり、一族としての団結が必要となった南北朝期になってさかんにおこなわれるようになった。(3)

貞和二年（正平元＝一三四六）三月、山中一族は置文をつくり、山中村の荒野を一族で開発した際、庶子の分領にして、惣領に干渉させてはならない、これに対して異議をもつものは、一族の号を放ち、得分を望むものは仏神の罰を蒙るべきであるとした（「山中文書」）。「安保文書」によると、暦応三年（一三四〇）八月二十二日、安保光保の三男彦五郎に対する譲状には、「光阿弥の輩等のうち、公事をつとめないものがあれば、彼跡を一円惣領の泰規に申し給い、その上なお敵対するものがあれば、安保の名字を付けることを許さない」旨を書き置いている。

下総の香取社にあっては、香取かねもちの庶子たちが香取社に敵対をなし、神敵に味方したため、朝廷および関東からの命で、ついに社内を追い出され、名字を削られてしまった（「香取文書」明徳四年（一三九三）十月十五日）。越後の和田中条氏でも、守護上杉房嗣幼少のとき（応永三十年代、一四二三—二八）、国中に錯乱があり、親族同心して忠節を致したのに、一族の羽黒氏がひとり野心をさしはさんだため、所帯を召し放ったが、その後これをゆるして、名字を返しあたえた（寛正五年（一四六四）八月、中条頼資が和田定資にあたえた書状）。名字は所帯の一部であった。

戦国大名の中には、不忠のものに対する制裁として、その名字を削ることがあった。弘治二年（一五五六）十二月の「結城氏新法度」に、

一、此以後不忠し候はんものをば、此一類ことごとくたやし、名字をけづり、其一跡他人□其名字をなのらせ候へば、つづくやうにて候間、名□(字)までたやすくべく候、可被心得候、

とある。また文禄五年（一五九六）十一月の「長宗我部氏掟書」には、

一、忠節名字跡目名代之事、其身以仕違、成敗在之時、科軽者、名字へハ不可懸、於重科者名字迄可成敗事

一、人々名字官途、受領実名不可替、但仮名官法様一度之儀者、遂言上可換事

と見える。名字を剝奪する権利は、戦国大名の手に握られていたのである。

名字の独占

これが進んでくると、惣領だけがその名字を独占するようになる。それまでは住地によってしばしば名字を変え、一家を創設する際は、本家と別に名字を立てる慣わしであったが、庶子の中には惣領家の名字を名乗って、その権威を利用しようとするものも少なくなかった。これに対し、惣領家では、祖先伝来の名を保持しようとする意図から、惣領家の名字をみだりに庶子家に許さないという傾向が現われてきた。たとえば延文四年（一三五九）足利義詮《よしあきら》が大友氏の惣領権を保証し、大友名字は能直

以来、惣領の号であるから、庶子などがかってに自称することは甚だ理由がない、早く自由の儀をとめて先例にまかすべしと申し渡している（「立花家蔵大友文書」）。大友家では、惣領家以外の一族は、詫磨・志賀などと別の称を名乗っており、それが先例として確認されたのであった。(4)

将軍家ではこの頃、嫡子以外を寺に送って僧とすることが多かった。義教も還俗《げんぞく》して将軍となったのである。これは惣領の権威を確立するために必要な措置と思われる。今川氏もこれにならって庶子を寺に送った。今川範忠は将軍義教から数度の軍功を賞され、惣領一人一名という御免許の御書を下賜された。それゆえにこの免許状は当家重書の第一として尊重され、範忠以後は正統のほかは、一門の中に今川を名乗るものがなかった（『今川記』）。このため『寛永諸家系図伝』の品川高久の条に、「今川氏は一人の外称号をゆるされざるにより、台徳院（秀忠）殿の命にて品川と称す」と見える。

結城の家臣に吉成というのがあるが、これは主家と同じ姓であったのをはばかって、その旁《つくり》だけをとって吉成としたのだという。名字の独占を本家の特権とする風がこの頃から起ったのである。(5)『総見記』によると、朝倉式部景鏡と同孫三郎景健とが主家朝倉の苗字をはばかって土橋式部大夫、安居孫三郎と改名したという。伊達《だて》の家臣田手《たで》氏はもと伊達崎を名乗っていたが、主家の伊達に遠慮して田手を称したという（『田手家譜』）。これなど従来の名字を改めてまで、主家の名字を避けた例証である。(6)

惣領家が正式の名字、庶子家が略式という場合もある。富山の館氏は本家で、三重の舘氏はその分家というのは、寄合の際、配膳などの混乱を避けるために、本家と分家を区別したのだともいわれる（『中央公論』昭和四十六年五月号）。本家と分家の区別はいろいろな方法で立てられたのである。(7) 肥後の菊池はその池の名にちなむ名字であるが、東国に移住したものに菊地が多いのは、本国の菊池と区別するためであろうか。ともかく嫡庶の分際を明らかにするため、惣領家だけが古制による名字を名乗ることが多くなった。

豊臣秀吉は、有力な先輩の大名である丹羽長秀と柴田勝家にあやかって羽柴の姓を名乗った。羽柴の姓は「米良《めら》文書」などにも見えるから、秀吉の独創とはいえぬが、両人にあやかってつけた名であることは間違いあるまい。豊臣の姓を称してからは、信頼する部将に羽柴の姓をあたえて、自己の一族として処遇した。しかし豊臣氏の滅亡とともに、羽柴の姓もほろびた。徳川家康もこの故智にならい、三河にあったときに名乗っていた松平の姓を、一族はもとより外様の有力な大名にあたえて、親近感をもりあげた。その半面、一家一名字の格式を守って御三卿（清水・田安・一橋）にも新たな家号を立てさせたのである。

庶民と名字

名字はこのように、室町時代になると固定化の傾向を示したが、それはまた武士が庶民に対する態度によく現われている。すなわち前に述べたように、鎌倉幕府の成立後、武士すなわち侍身分のものは、一般庶民を地下人《じげにん》ないし凡下《ぼんげ》として区別し、庶民には名字を名乗らせなかった。しかし庶民の身分的な向上に伴って、名字を名乗るものがしだいに多くなった。鎌倉時代に武士の郎等は名字をもたないのが例であったが、鎌倉末期になると、郎従は若党、所従は中間《ちゆうげん》と呼ばれ、軍事編成の中で惣領に従う庶子とともに、重要な地位を占め、さらに南北朝内乱の後半には、小領主として出陣の際馬に乗るものもあった（「松浦中村文書」）。

この傾向は室町時代になっても同様である。名字をもつものは、侍として、庶民よりすぐれた地位に立っていた。『経覚私要抄』長禄元年（一四五七）十一月五日の条に、「四十人者悉くみな名字者共、武者輩也」とあるのは、これをよく物語っている。当時、畿内の農村では、名字をもつ侍分とこれをもたない地下人との身分がはっきりわかれていた(8)。たとえば東寺領山城上久世庄では、元亨四年（一三二四）の年貢負担者は五十一名を数えているが、長禄三年、新井堰の費用につき、侍分十五人・地下人十余人その他数十名の庄民が、東寺に押し寄せている（「東寺百合《ひやくごう》文書」ね）。長禄三年九月の徳政一揆に際して、上久世庄から出した起請文には、康光・氏吉・道門・道仲等の侍分二十一人と道善・常貞等地下分八十九人の連署があり、下久世庄のものには、侍分信綱以下十人、地下分五十六人の連署がある。しかもその端書に、「侍分与《と》地下別紙也」と見えるように、地下は別紙に書き名字を記さないのが普通であった(9)。

しかしそのいっぽう、庶民の生活が向上するにつれ、庶民の間にも名字を名乗るものが現われ(10)、領主はこれを極力抑制しようとしている。すなわち文明十五年三月十六日、東寺の二十一口方供僧《くがたぐそう》は評定して「近年境内の地下人等、雅（我）意に任せ、名字を名乗るの由、先代未聞の次第也、所詮向後においては停止せられ、万一承引せざる族《やから》においては堅く罪科に処すべき旨治定しおわんぬ」ときめている（「廿一口方評定引付」）[11]。

永正八年（一五一一）四月二日、近江の大名京極氏の奉行人《ぶぎょうにん》は、多賀神社の神官にあて、「当社諸神役を犬上郡中にあてたところ、百姓等近年名字を蒙むると号し、難渋するのは甚だよろしくない」と通達している。また天文二十二年（一五五三）七月十一日、右の通達を繰返したあと、「所詮自今以後、新侍は停止せらる」としている。永禄十二年（一五六九）十二月二十八日付の浅井長政の書状にも、「近年名字を蒙り、その役を勤めず、その上在々所々において狼藉の働きをなすもののあるのは遺憾である」としている[12]。新たに侍となり、名字を名乗るものが多くなり、領主がこれをおさえていた様子がこの数通の文書によってよく知られる（奥野高広「中世の一般庶民の苗字について」『日本歴史』五五[13]）。

系図買い

このように庶民の勢力が各方面にのびてくると、庶民はしだいにその地位を自覚し、その実力を利用して、おのが出自を尊貴なものに結びつけようとした。系図買いもその一つである。『文正記』の著書は、応仁の乱の前項「侍が土民に追従し、生活の資を得るため、系図を売り、せんかたなく薙髪し、偽って沙門となり、富裕の者を敬したに対し、凡下の者が逆に農業を棄て、武芸を習い、系図を買って、自ら侍と称して、蹴鞠閑射をなす傾向の増えたこと」を嘆いている。

乱ののちになると、下剋上とはいいながら、なお伝統にあこがれる心が強く、何事にも由緒や系図が尊重された[14]。狂言にしばしば系図争いが出てくるのは、こうした時代の傾向を示すものであろう。たとえば「膏薬練」は、鎌倉と都の膏薬練が上下の街道に出会い、由緒をならべ立てて争いをなす筋であるが、その頃の商人はみなこのような由緒・来歴をもって、商品の販売にあたっていたのである。

応仁の乱後につくられたものらしい『鴉鷺合戦物語』にも、百姓町人が作り侍して、何某と名乗るという話がある。『和長卿記』に、九条家の諸大夫俊通朝臣なるものが、近日系図を新作して、二条殿の一流、後光明照院関白の御流たる由を称するようになったことを述べ、ただしかの者は本来、地下商売の者であるとつけ加えている。地下の者が系図を買い、系図を偽作して公卿となりすましたところに、その頃の社会相が知られておもしろい。しかしそれをあえてとがめなかったほどに、身分の混乱が名字の上に現われていたと考えられるのである。

名字が特定の家によって固定されてくると、下剋上によって家を興した新興の大名などは、由緒ある家に自分の家を結びつけ、自分の家を歴史的に由緒あるものと偽った[15]。織田氏の系図はいずれも桓武平氏であって、平資盛の落胤であるとしているが、織田氏は忌部《いんべ》氏であって平氏ではなかった。天文十八年（一五四九）の信長の制札にも藤原信長と署名している。平氏としたのは、源氏である足利氏を追放した信長で平氏であることを宣伝したものと考えられる。しかも信長の家は織田の嫡流ではなかった。系図は明らかに偽作されているのである。秀吉が天皇の落胤と称し、日輪の子と号したのも、家・素姓を貴くしようとしたためである。

三河の徳川氏などもその一例である。江戸時代になってつくられた徳川氏の系図によると、松平氏は、清和源氏の嫡流で、上野国新田氏の支族得川氏の子孫であるという。すなわち新田義重の子で義季というものがあり、通称得川（徳川）四郎といった。これが徳川氏の祖であるという。この七代後の親氏が応永（一三九四—一四二八）の頃縁あって父の有親とともに時宗《じしゅう》の僧侶となって、三河碧海郡大浜の名刹称名寺に足をとどめた。親氏はやがて同郡坂井郷の土豪坂井五郎左衛門の婿となったが、妻に死別したので、加茂郡松平郷の郷主松平太郎左衛門信重の養子となり、松平家を継いだ。これより親氏は近くの山中十七ヵ村をしたがえ、小領主として勢力を振るうようになった。この親氏から九代目の広忠の子が家康であるという。

しかしこの所伝は後世の記録であって、学界ではこれを疑問としている。すなわち松平家康が徳川と改姓したのは永禄九年（一五六六）で、それ以前の文書には松平と記している。この松平氏が、賀茂神社の神紋である葵紋をつかっているところから見ると、松平氏は賀茂社と深い関係があった氏と考えられる[16]。賀茂社はこの地方に所領をもっており、賀茂社の御師がこの地方の檀那の家を廻り歩いていたことは容易に推測される[17]。

〔補註〕

（1）　惣領家または庶子家のうちの一人が本宗の家を継ぎ、苗字と一族の支配権を得て一族の族長とされたのであり、かかる家の相続が当時名字・名代または家督の継承といわれた。「上杉家文書」永正十七年十月九日の毛利広春置文案を見ると、「広春未た一子之無人候間、おの〳〵へ置文をしたため候、それかし一世の後ハ、五人の者共談合せしめ、おうそい（広春妻）の儀を以て名代を立へく候、おうそいの儀のほか、他の綺これあるへからす候、久米村並に妹に致候塩沢の事も一世の間たるへく候、その後は名字を継き候者の計いたるへく候」とある。名字を継ぐものが名代といわれ、名代と家督とは同義であった。またこのころ、女子の名は長女大子《おおいこ》・次女中子《なかつこ》・三女《みつこ》・四子《よつこ》とよばれ特に名を呼ぶのを避けた。

（2）「禰寝文書」には、「御所奉公の名字うしなはずして、国々にふまえ候」とある。

（3）　室町時代には私刑の一種として「名字籠め」なる現象が生じた。それは有力な寺院が自己に対して不利益な行動をなした者に対しておこなったもので、その者の苗字を書いた紙を七堂の内陣に籠め、呪詛調伏した上で之を焼くか破るかすることで、名字籠めにされた人はあらゆる手段をつくしても詫びを入れ、名字を取り出してもらわねばならない。

（4）　また、田中健夫氏『中世海外交渉史の研究』には、「天文十五年（一五四六）宗晴康が、対馬の各地に散在していた宗姓の三十八氏に対して新姓を用いさせることにし、宗姓の使用を宗氏本家の家筋に限定したことは、領国大名としての宗氏の支配権を島内に滲透させるための一手段であった」とある。

（5）　宗像大宮司並権大宮司は概ね宗像を称し、異姓ものの使用を許さない。権大宮司以下は宗形を称した。

(6) 越前朝倉家では、朝倉式部景鏡、同孫三郎景健などが主家（惣領）の名字をはばかって、土橋・安居と改姓している。主人の名字どころか、その文字すら容易に使わせないところがあった。彦根の井伊家がそうで、惟親当時の「家中戸籍」によれば、足軽を含む全士族の姓のうち、井伊の「井」の字を用いるものはまったく見当らない。

(7) 野田只夫氏によれば、伏見御香宮の社伝によると、南北朝頃、後藤氏が三家にわかれ、その一家が三木氏で、三木氏の惣領家が他の三木氏と区別するため、三木《そうき》氏と名乗り、代々庄官および神官を兼任したということである。

(8) 「勧修寺文書」の本銭返売券には「契約中本銭返用地事、合壱段半者在山城国宇治郡大籔里七坪字土代、百姓名字別紙注文」とある。

(9) 『満済准后日記』によると、永享九年幕府は山城国乙訓・葛野両郡の「侍名字」の者を注進させている。

(10) 興福寺領大和国西庄（石橋庄）の「長禄二年西庄田数之日記」には、「いしはしの庄百姓の事、大百姓十八人にさたまり候、此百姓ニハうちなくしてはえならす候、たとひうち候へ共、いしはしの庄のうちに、田五反もち候ハてハえならす候、此百姓になり候時、一石弐百文入事項、壱石ハ庄屋の得分、二百文ハ百姓たちの酒ニ御まいり候、兄弟いくたり候とも、一人なりてはえならす候」とある。庄内の有力農民十八人が大百姓の身分を確認し、惣庄結合をすることにより、大百姓層を脅かすほど成長して来た小百姓を疎外したのである。

(11) なお、応安二年（一三六九）に武士以外の服飾に関して次の如き禁令が出ている。

一、中間凡下輩、エホシカケ、キヌコシ、ヒタタレノキヌウラ、同大口、刀ノカヘラキ金銀（但メヌキヲ除事）
右条々カタク可被止也、若違犯ノ事アラハ、可処罪科之状、依仰下知如件、

応安二年二月廿七日　　　　　左馬助源朝臣（判）（『中世法制史料集』二）

(12)「小早川家文書」小早川弘景置文には、「一、足洗のうちには彦一か上にてあるへく候、横田衆なとは近き中間にて、これ名字候はす、新左衛門も百姓にて候間」とある。

(13)通常の百姓でも上級の者は苗字を有した。たとえば、文正元年三月二十七日付の「高野山文書」には、相賀庄の百一人の百姓等連署起請文には清水孫右衛門、東七郎、岡梅若、島二郎三郎、中道全らの名がある。

(14)『鎌倉大草子』によると、大内義興は、「三家（斯波・細川・畠山）の外は執事の例もなし」とあきらめていたところ、たまたま上杉憲実にあい、「大内殿は憲実の養子になり、山の内上杉の系図を継、篠の丸にまひ、雀の紋を請て憲実を御父とて崇敬限りなし」、かくて初めて京管領に任ぜられた、と物語られている。

(15)「大友文書」「志賀文書」によると、「藤原姓の大友氏は建武中興のころより源姓に変え、近くにある柞原八幡宮を氏神とした」とある。

(16)松平氏はその賀茂社の御師であったのではなかろうか。藤原氏の子孫であるという説もある。これは天正十四年（一五八六）「三位中将藤原家康」と署名したものがあるためである。いずれにしても徳川氏の祖先については不明な点が少なくない。

(17)ここで「苗字の変更・譲渡」についてのべておきたい。たとえば、銚子外川浦のような場所は紀州

出身者の部落で構成されているが、江戸時代には領主の方針で、領民に同苗・通称を禁ずるとか、領民が領主の苗字を遠慮するというような場合があった。銚子の豪家でヒゲタ印醬油醸造家であった飯沼村の田中玄蕃家所蔵の「先代集」には、高崎藩松平外記の分領であった銚子利根河口の飯沼村へ検地のため出向いた家老から苗字をもらったとある。また、民間において旧家の苗字を譲り受ける例もある。下総北部九十九里浜の漁村椎名内（海上郡矢指村）の江戸後期の大網主岩井家は、上方より同地に移住し、産をなし、江戸前期から同地の名主をつとめていた旧家岩井家の名を譲り受けた。

九　身分制度の確立と庶民の苗字

苗字・帯刀の禁止と免許

織田・豊臣による国内の統一は、同時に身分制度の確立でもあった。秀吉は、天正十六年（一五八八）有名な刀狩をおこなって農民の武器携帯を禁止した。さらに小田原平定直後の同十九年、武士の身分たるものが町人・百姓に転ずることと、百姓が商業や賃仕事に出ることとを禁止した。これが有名な身分法令であり、兵農分離と商農分離の二つがここにいっそう推進せられた。

江戸幕府の成立後、士農工商の身分制は固定し、武士・農民・町人等は身分に従って職業を世襲し、他の一切の職業に転ずることを禁止された。苗字・帯刀も武士以外の者には禁止された。天明二年（一七八二）三月、勘定奉行の下札に「御料所では、特別の由緒や奇特な儀があって許した場合のほかは、百姓に苗字は名乗らせない」とある（石井良助『続江戸時代漫筆』）。享和元年（一八〇一）七月の御触書（『徳川禁令考』前集四四）に、

百姓町人苗字相名乗並致帯刀候儀、其所之領主地頭より差免候儀者格別、用向等相達候とて、御領所者勿論、地頭之者より猥に苗字を名乗らせ、帯刀いたさせ候儀は有之間敷事に候間、堅可為

無用候、

とある。この文中、領主によって苗字・帯刀を許されたものは、㈠郷士のように由緒あって以前から苗字・帯刀御免のもの、㈡褒賞として新たに許されたもの、たとえば、徒党・嗷訴《ごうそ》を訴え出た場合とか、百姓の孝行、名主の精励および貧民の救助、献金その他奇特の行為のあった場合、㈢役柄によるもの――町年寄・庄屋・名主・御用町人・宿駅の本陣等であった。

特殊の事例として、医師は総髪または剃髪にかかわらず、苗字を名乗ることを許された。また百姓では往々白川・吉田両家の許状を得て神主となったものがあったが、この場合には同時に苗字および一定の装束の着用を許されたので、一人で百姓名と神主名との両名をもっていた。たとえば百姓としての弥右衛門、神主として倉持美濃といった類である。

大名から得た特許は、その国替の際には新領主の許可を得なければ無効である。特許の数は藩によって異なるが、文政（一八一八―三〇）における美作津山領十万石中、村方二百六十ヵ村に四十四人、津山城下に二十六人、同勝山領二百六ヵ村に五十五人の割合であった（栗田元次「宝暦六年作陽《さくよう》真須《ます》鏡《かがみ》」『綜合日本史大系』江戸時代　上）。

しかし幕府や諸藩が苗字・帯刀を許す場合には、身分を吟味し、場所を限り、時期を定めるなど、きわめて細心の注意を払った。たとえば、享保五年（一七二〇）、孝行者などに対する褒美として苗字・帯刀を許したときなど、高持や名主相当のもので田地を所有するか、そうでなくても僕婢を使用するほどのものには特に苗字・帯刀を許し、その身分がひくくて従来脇差を帯びることを許されなかったものには、脇差のみを許した。また苗字は子孫に至るまでこれを称することを許しても、刀・脇差は一代を限ってこれを許可するのを例とした。百姓で侍奉公をしたものも、帰農後は帯刀を許されず、百姓で鷹捉・飼場・野廻役等、幕府の公務を帯びたものは、その執務中に限って百姓以上の待遇をあたえた（『憲教類典』）。寛保二年（一七四二）の御定書百箇条には、「帯刀いたし候百姓・町人の仕置《しおき》」については、刀・脇差とも取り上げ、軽追放に処することがきめられている。

苗字・帯刀とともに、身分の上下を区別する表象として裃《かみしも》の着用がある。この場合、苗字を有するものはすべてその着用を許され、いわば苗字ある者の外形的表象となっていたようである。しかし苗字は許されなくても、裃の着用を許される場合もあった。美濃の蓆田《むしろだ》郡仏生《ぶつしよう》寺《じ》村では、文化十年（一八一三）五十石以上開作したものにつき、頭《かしら》百姓は苗字御免、脇百姓は裃着用を許されている。苗字の公称のほうが裃の着用より優れた特権であることがこれで知られる。

苗字・帯刀の禁止はもちろん町人にもおよんだ。多少の除外例のあったことも百姓と同じである。たとえば朱座・銀座の年寄その他幕府の扶持を受け、公務を帯びた町人、すなわちいわゆる御扶持人をはじめ、町年寄・御用町人の類には、将軍の謁見をさえ許された者がある。そうでなくても、苗字を名乗り、大小をさす特別の許しを得ていたものも珍しくない。たとえば江戸三伝馬所役人が継立《つぎたて》方御用の時のみ苗字を称することを許されている。

このように百姓・町人が苗字を名乗ることは原則として禁止され、特別の場合に限ってこれが許された。これについて、柳田国男氏は、『家閑談』で、

一般の百姓には元来苗字がなかったので、諸侯が在名をもっていた地侍に対する鎮撫策として、彼等に召抱えを承諾するか、あるいは高持百姓になりきって年貢を納めるかの二つに一つを選ばせたときに、とどまって百姓になったものに対して、一般の百姓同様、これを無姓にしたのが、苗字の禁止である。

といわれる。しかし農村で苗字をもっていたのは、地侍だけであったであろうか。

これについて考えられるのは、まず農家の屋号が苗字の代用をなしていたということである。農民たちは何々左衛門・何大夫というように、代々同一の名前を襲名した。それがその家を代表する称号ともなっている。同時に大洞屋敷とか梅屋敷とか、何々垣内というように屋敷や垣内の名を呼ぶもの、何々辻というように方角や場所でその家を代表することもある。石井良助氏はこれを相続の点から考え、江戸時代の農民は苗字を許されなかったから、家名（苗字）相続の観念はなかったが、その代用として襲名の慣行が存したといわれる（「長子相続制」『法律学体系』二部）。

しかし当主たるの地位の承継ひいては家の相続を襲名によって外形的に表示したことはこれを通名相続といってよく、それは武士的な苗字相続とちがったものではない。武士法的見地からすれば、その代用とみられるかもしれないが、通名が家の同一性を示す標識であるならば、かかる通名相続をと

おして農民的な家名相続の観念が存したことを認めてよいであろう（大竹秀男「近世末期の農村における家相続」『封建社会の農民家族』）。

町人の屋号の世襲も家名相続に類するものであろう。

苗字の私称

このことばかりでなく、庶民の中には、苗字公称を禁止された時代にも、私的には苗字をもつものが少なくなかったのである。これについて洞富雄氏は、次のように論じておられる（「江戸時代の庶民は果して苗字を持たなかったか」『日本歴史』五〇、のちに『庶民家族の歴史像』所収）。

農村において在名をもつものは、武士だけだったとそう簡単にはいえないであろう。個々の小作人だとて特定の土地に住居と耕作地とを持つ以上は、地名を家の名とすることはあり得る。被支配者に名ばかりを載せ、苗字を書いてないのは下位者・使用人を賤しめての省略記載で、苗字の無記すなわち無姓ということにはならない。家柄に誇りをもつ富裕な高持百姓を中心とする同族団的結合を基盤としていた農村社会において、主家はいうを待たず、たとえそれが擬制的血縁関係であっても、その分家の家々が苗字を忘失してしまうとは考えられない。

そして長野県東筑摩郡坂北村の碩水寺の天明三年（一七八三）と文化十三年（一八一六）の同寺再建の奉加帳をあげ、これには、名前だけで苗字を書いてない寄付者は一人もない。また中野区江古田の氏神氷川神社の弘化三年（一八四六）の造営奉納取立帳には、全村八十五軒の戸主の姓名が書き連ねられており、名前だけのものは一つもなかった。また文政十三年（一八三〇）、富士山御師の大俵谷大内蔵景政が松本平の南安曇郡の南半部にあたる三十三ヵ村の講中を列記した名簿では、この名簿に載っている二千三百四十五人の農民のうち、僅かに十六人を除いて他はすべて立派に苗字をもっている。これは幕僚でなく、松本藩の領地内でのことである、と洞氏はいわれる。

これをきっかけとして、諸家から苗字をもっていたとする各種の例が寄せられ、庶民も従来から苗字を有したが、普通の場合には使用せず、神事に関する場合にだけこれを使用したものと考えられるという意見が強くなってきた。

たとえば奈良県吉野郡上竜門村大字田原の大庄屋片岡氏所蔵の文書によると、天和三年（一六八三）の人別帳や万治元年（一六五八）の御氏神鬮《くじ》屋株取調記録連印帳には、

一、字その田　中屋彦左衛門　南勘兵衛

一、字板や屋敷　門地吉五郎

等とある。鬮屋は公事屋であり、神事役を当番でつとめる家である。大庄屋の中屋のほか庄屋も年寄も平百姓も苗字をもっていたことが知られる（田村吉永「徳川時代庶民の苗字」『日本歴史』六〇）。

関東でも、栃木県都賀《つが》郡新井村の安永二年（一七七三）の五人組帳や、同十年の同村医王山浄光院の法流金寄進帳は、五人組帳が公的な書類であるので名前だけを記しているのに対し、私的な寄進帳には、名字を入れて記載されている（林亮勝「庶民の名字」『日本歴史』五七・六二）。

埼玉県足立町引又宿など五ヵ村の総鎮守だった氷川神社の境内に建てられた碑を見ると、その寄付者の姓名が列挙されているが、それは約三十年前の『新編武蔵風土記稿』に記載されている戸数より若干多く、ほとんどの村民を含んでいたものと思われる。したがって村々の上層に位する一部の農民だけが苗字をもっていたのではなく、恐らく水呑百姓をも含む村全体の住民が苗字をもっていたことがわかる（神山健吉「近世の農民と苗字」『埼玉史談』一七ノ三）。

これらの例をもってすると、庶民は苗字を失ったのではなく、苗字を公に名乗ることを許されなかっただけのことである。しかも天領では、この禁令はしだいにゆるやかになっている。これに対し、諸藩の政策は一律ではなかったが、概してきびしかったといってよい。

庶民が苗字を名乗ることは、支配者の意志次第であった。しかしながら苗字を禁止しようとする考えは、農村内の上級百姓の意見でもあった。この点を伊勢鈴鹿郡椿世《つばいそ》村に起った裃《かみしも》騒動について考えてみよう。椿世村では、無苗の者は式服としての裃を着用できないという村法があったが、安永年間（一七七二—八一）に無苗の者が裃着用を願い出て騒動となった。ついで、天明七年（一七八七）苗字方の筆頭安藤新五郎に対し、無苗の組頭が、無苗では家族片付等の儀にもこまると訴え、「先私一人苗字免許」されることを願い出た。村内民主化運動の一表現である。こうして苗字方・無苗を含めて椿世村の八割を檀家とする光照寺の過去帳は、嘉永六年（一八五三）—安政四年（一八五七）の間にすべての檀徒を名とともに苗字を付して記録するようになり、明治に及んでいる。

椿世の裃騒動の当時、藩より苗字・帯刀を公許されていたものは、村内に一人もなかったのであるから、これは公的に名乗る問題ではなかった。しかもこの過去帳を見ると、無苗のものが改めて名乗った苗字は、村内優位の苗字である安藤・増田・村田らの苗字ではなく、この三家以外の苗字の多いことが目立つ。無苗のものも実際には苗字をもっていたのではあるまいか。結局、村内上層の農民がいっぱん農民に苗字の私称を禁じたのであり、裃を着用し、道号を戒名に付することなどが、上層農民の家格を誇示するための、村内における公認された特権であったのである。(1) その特権の失われたところに、新しい時代が訪れるのである（松本嘉八・仲身秀雄・筑紫申真「庶民の苗字と裃」『日本歴史』九九、なお小笠原長和『郷土研究講座　苗字』参照）。

近世の美濃地方では、ほとんどの村に頭百姓制が温存され、とくに西・中濃地方にはそれが顕著であった。この頭百姓の大部分は、中世末の土豪または草分け百姓の系譜につながるもので、いずれも特定の苗字を有し、その家柄に属するものを○○一統・△△衆、あるいは□□姓と称した。頭百姓は脇百姓と通婚せず、脇百姓に対して、門・玄関・天井・縁などを造ることを禁止し、苗字や裃着用を許さなかった。頭百姓相互の問題や脇百姓の遵守すべき事項については、村法・村極《むらぎめ》・村掟が数多くつくられている。

山県郡東深瀬村では、寛文六年（一六六六）拝殿の修復にあたって、棟札に奉加人の名前をつける際、「先年より筋目ただしきものは、苗字共に書付」けているが、これにはもっとも有力な林・中村・藤瀬など五苗のほか、五つの苗字のものが加わっていた。ところがこの記名をめぐって紛争が生じ、寛文八年（一六六八）まで、数名のものが新しく苗字を許された。これを名開きという。頭百姓の列に加わったのである。しかし名開きを認められ、苗字を名乗って新たに頭百姓に加えられたとはいっても、近世末期まで五苗が村内の支配を続けたのであって、五苗以外の頭百姓は村方政事・祭祀を差配することは許されなかった。

隣村西深瀬村では、美濃代官名取半左衛門に仕えた永井信治が、貞享二年（一六八五）利兵衛に井沢姓、松之助に井尾姓と、七、八名の者に苗字を名乗ることを許している。永井家は斎藤氏の支族で、西深瀬の領主であり、守護土岐頼芸《ときよりあき》の被官であったので、近世になっても村民から御屋敷様と敬称されていた。村内にはなお永井を含めて七苗の有力者があったが、永井家のみが農民に名開きの認可をあたえる権限をもち、村民には永井姓を許さなかった。これに対し、宝永四年（一七〇七）七苗中の庄屋平井伊兵衛が永井家に競合して、古い由緒を主張し、村民に姓を許可する権限を主張するに至った。山県郡谷合村でも、宝永七年（一七一〇）、脇百姓のある者は同村の三苗中から名筋《みようすじ》紋所を許され、それ以後は裃着用の許しを得た。このように美濃地方では、国人・地侍の系譜を有する有力な農民が村役人を独占して、村方政事・祭祀などを握り、上昇しようとする脇百姓の動向に対応して、名開きの許可その他の特権の保持につとめた（高牧実「近世西美濃における祭祀について」『信濃』二二ノ一、『岐阜県史』史料篇近世四）。

近江の村落でも、侍分の百姓と平百姓の区分があった。侍分の百姓は、中世末期ないし近世初期において、武士が帰農土着した者およびその後裔と思われるが、公的な夫役《ぶやく》負担に関して特権を有していたばかりでなく、氏神の祭礼においてももっとも重要な地位をもっていた。

神崎郡の種村《たねむら》に残された侍成《さむらいなり》定書を見ると、種村では、苗字を名乗る百姓たる「侍方」と苗字をもたぬ百姓たる「仲間方」とがあり、侍家筋の者は公儀役に羽織を着用した。仲間方の者がその才能により庄屋役を勤める場合は、在役中侍方に入り、退役後はまたもとの仲間方へ帰ることになっていた。しかし村の役儀をつつがなく満了した者に限り、村中一同の承認さえ得ることができれば、郷士たる大橋・辻村・大西三家のうちから苗字を免許され、座入《ざいり》をつとめた上で侍方に加入できた。しかし侍方になった者でも、その家本に対し不都合があると、反対に苗字を取り上げられて、百姓なみにおとされることもあった。当村では他所の苗字はいっさい使用できなかった。たとえ他村で苗字を称していた来住者でも、古郷の苗字は名乗り得ず、仲間方へ組み入れられ、座入をつとめて後、侍方に入ることができた。多羅尾村では、神事の際、平方の者が袴のみ着用するに対し、御同名座の者は麻裃に帯刀することを許された。もちろん苗字は御同名座の独占であった（原田敏丸「近世の近江における侍分百姓」『彦根論叢』八）。

このような傾向は、関東の農村でも認められる。埼玉県旧入間郡小手指《こてさし》村の北野天神社では、神前における座配の証文類が、江戸時代に名主を勤めていた北田本家（家号ウチデ）に蔵されている。それによると、北田本家の「ウチデ」が、近くに住む北林や北見など六人に苗字をあたえて、自己の同族的支配の下に繰りいれていた。この六人の百姓は、「氏之字之儀は書付けざる御定法に候ところ、先年正徳三年（一七一三）当社前において右の北林へ北田庄左衛門苗字あたえ候段社帳に留り候、右六人は御料所の百姓にて候えば、上を恐れ奉り候えども、坂東天神の社法有り来りの姓氏等、右の如き旨も、上へ書上り候御事故、社帳に名字書留め候」というのであった（仁科義典「村落祭祀の家格的確成」『社会の伝承』一〇ノ三）。農民が苗字を名乗ることは、幕府や藩の統制によるよりも、共同体内部の規制によることが多かった。

なお江戸時代には、前代の遺制を受けて、女子は結婚後も、生家の氏を称するのが例であった。これについて、熊谷開作氏は、「江戸時代複数の妻妾を蓄えるということは、自己の身分の承継者をうるという目的があってのことではなかったか。『腹は借物、武士のたね』ではあるけれども、その腹は大事な相続人を産するがゆえに、由緒を無視するわけにはゆかなかった。そのことからして、武士にとっては、夫婦が同じ氏を称することはほとんど不必要であり、無意味でさえあった。それよりはむしろ生家の氏を称することの方が意義があった」といわれる（『歴史のなかの家族法』）。

〔補註〕

（1）　慶応四年の安房国加茂村鑑帳には、本文中に「苗字帯刀御免之者無御座候」と記されているのに、表紙の裏書には、「村方控置候」として組頭・百姓代・筆取計四名が苗字を明記している。

十　苗字の公称

維新政府の政策

近代国家の形成には、市民の権利の保証がなければならぬ、市民がその権利を主張する第一歩は、苗字の公称であり、これによってはじめて確実な法律行為が可能である。

明治維新後、新政府は四民平等の社会を実現するため、封建的な身分制度の廃止につとめた。士族の特権であった苗字・帯刀についても、帯刀はこれを禁止し、苗字はいっぱんに開放する方針をとった。すなわち明治三年（一八七〇）九月四日、佩刀禁止の令に先立ち、太政官から苗字差許しの布告が出された。

自今平民苗字被差許事

ここにおいて苗字はそのまま氏と定められ、それが公認されることとなった。従来百姓や町人は氏を公認されなかったため、相互の間に同名が沢山あったが、氏と名とを重ねることによってこれを避け得る率がにわかに高くなった。同じ三年の十一月には、原田甲斐・青山播磨・山内伊賀などのような国名、大石主税《ちから》・栗山大膳などのような旧官名を通称とすることが禁止された。

このように苗字公称の解禁が佩刀の禁止令より前に出されたのは、戸籍法の制定をいそぐ必要からであった。明治政府は、その中央集権の完成である廃藩置県（明治四年七月）に先立ち、同年四月に戸籍法を制定して、これを全国の府藩県に公布した。その施行は壬申年（五年）二月からであったので、この戸籍を壬申戸籍という。

この制定に伴って、改姓名を自由に許すならば、戸籍業務にも、その他の諸事項にも、重大な支障をきたすおそれがあった。このため、まず明治五年（一八七二）五月、大石内蔵助《くらのすけ》良雄・西郷吉之助隆盛というように通称と実名とを併称することを禁止し、一名とするとともに、八月には、華族から平民にいたるまで、苗字・名前・屋号ともに改称してはならない、もし同苗・同名等のため不都合があり、余儀なく改める必要のある場合は、管轄官庁へ願い出なくてはならない、という布告を出した。この太政官布告の精神は今日も生きている。六年三月には、自今歴代の諱《いみな》ならびに御名の文字も名前に付けてかまわない、ただし熟字そっくりはいけない、という布告も出た。(1)

これより先、明治五年、壬申戸籍が編成され、これを機会に平民の苗字創出が、全国的に、かつ大規模におこなわれたと思われる。しかし新しく苗字を創出することは大変な仕事であり、また種々の問題もあって、その届出は円滑におこなわれなかったらしい。ここに明治八年に至って、この苗字を名乗ることを強制する二つの布告が発せられる。一つは八年二月の太政官布告であり、「自今必ず苗字を相唱うべく、もっとも祖先の苗字不分明の向は新たに苗字を設くべし」と強制した。

さらに同年十二月太政官布告で、婚姻・養子縁組・離婚・離縁を届け出る場合、苗字を新たにつくることを認めて、先の布告をいっそう徹底させた。前者の布告が出される一ヵ月前の一月十四日、陸軍省は、

僻遠ノ小民ニ至リ候テハ、現今苗字無之者モ有之、兵籍上取調方ニ於テ其差支候云々、

という伺いを太政官に出している（『太政類典』二）。兵籍の確定が苗字強制の大きな理由であった。徴兵制の本格的実施と家の規格化とが本質的に関連することがこれで明らかである。兵籍ばかりでなく、財政・教育その他あらゆる面において、近代国家建設のために、国民の一人一人が責任をもち、また政府の政策に協力することが要請されたのであり、それが苗字創出の強制に働き、改姓の自由を大幅に制限したのであった。

その波紋

政府の苗字公称の強制は、しかし各方面に混乱をおこしたらしい。寺に頼みこんだり、役場総掛りで急に苗字を全部作ったという例もある。(2) 石井研堂著『明治事物起源』を見ると、研堂が十一歳のとき、父は当時町の什長というのを勤めていたため、区内細民の請に応じ、苗字を選んでやったことを記録している。すなわちさまざまの苗字の選びつくして後、煎茶の銘を取り、甲に青柳、乙に喜撰、丙・丁に鷹爪・宇治というように命名し、茶銘が種切れとなってからは、徳川四天王の酒井・榊原・井伊・本多の名まで付けてあたえた。そのうちの一人が恐る恐る「このようなもったいない苗字を付

けましても、お上からおとがめはないでしょうか」といぶかり問うたのに対し、父は「心配しなくともよい」と諭した、という。鹿児島の指宿《いぶすき》では、鰻池にちなんで部落中が鰻姓、愛媛のある地方では部落ごとに網具・野菜・魚の名をつけたという。

しかし実際には、このときでたらめに苗字をつけた例は、想像するほど多くはない。農村では前に述べたように、村役人や有力な地主は、公称は許されなくても、種々の苗字をもっていた。苗字をもたなくても、辻とか何の門とかいった通称をもっていたから、それがそのまま苗字となった。ところが名子《なご》や下人《げにん》になると、こうした通称をもたないものが多い。その場合、その親方や、その村の有力者である庄屋や名主の苗字をかりた。

加賀の白山山麓の白峰《しらみね》では、現在親っ様と呼ばれる家に山岸・織田・永井の三軒があるが、明治のはじめ、その家に働く名子（地内子《じなご》という）は親っ様から指図され、山岸の地内子は山下、織田の地内子は小田、永井のそれは永下を、それに今は絶家してないが、木戸口の地内子は木田の姓を名乗るようになった。このように姓まで統一する形は、この地方のほかの村では絶対にみられなかった。もちろん今日この姓のものが全部地内子の関係にあるのではなく、土地・家屋等を求めて独立したものや、自力による分家はこの関係から離れている。白峰ではこのほか同姓がことのほか多く、二百七十一所帯のそれぞれについて調べてみると、山下四十・織田三十九・加藤三十二・小田二十四・木田十四・山田十・永吉九・永下七・永井七の多くを数えるという（清水隆久「白山山麓における地内子の研究」『石川商経研究』四)。

町では営業のために設けていた屋号が、屋の字をとって利用された。酒田で高砂屋が高砂と名乗っている。(3)しかし鐙屋《あぶみや》のように屋号をそのまま苗字とする家もあり、(4)町人の地位の高かったことが考えられる。(5)

僧侶の場合、もともと俗界を超越したものであるだけに、苗字をもたないのが通例であった。このため、釈・禿氏《とくし》・月光《がっこう》・星宮・修陀羅・無着・波羅蜜など、仏法僧に関して新しい苗字がつくられた。(6)なかには珍名に属するものも少なくなかった。

妻の改姓

なお明治になって問題となったのは、女は結婚してのちも生家の氏を称するのか、夫の氏を称するのかという点である。維新前まで、女は生家の氏を婚後も称していた。これは公家でも武家でも同様である。

明治八年(一八七五)、政府が公家・武家以外の一般庶民に苗字を公称することを太政官から布告したおり、十一月九日、内務省は、「夫婦はいずれの氏を称するのか、妻は夫の氏を称しなければならぬのか」という点を太政官に伺った。これは石川県からの伺いをとりついだものである。太政官は、九年三月、次の指令を発した。

伺ノ趣、婦女、人ニ嫁スルモ、ナホ所生ノ氏ヲ用ユベキ事

但夫ノ家ヲ相続シタル上ハ夫家ノ氏ヲ称スベキ事

内務省はこれを受けて石川県に指令を出しているが、それには、「婦女ハ総テ夫ノ身分ニ従フ筈ノモノ」であることを認めながら、所生の氏を称すべしとしている。しかしこれは、熊谷氏もいわれているように、妻の生活を尊重し、妻の人格を承認したからではない。武士や大町人、村落支配者などにおこなわれた慣行をそのまま採用したにすぎない。

その後、内務省は、九年八月三日、父子の異姓を改めさせ（同年七月十八日の島根県伺いに対するもの）、同年五月九日と十年二月九日には家族の姓を戸主と同一苗字に改めさせた。しかし妻についてはむしろその血縁が重視され、依然として生家の氏を称することが命ぜられた。十年八月の愛媛県の戸籍加除心得にも、

婦女ハ他家へ嫁スルモ、終身実家ノ苗字を記スベシ。モットモ亡夫ノ跡相続スレバ、夫ノ姓ヲ記スベシ。

といっている。一般にこの規定は明治三十一年明治民法施行まで続けられた（福島正夫「明治初年における戸籍の研究——地方法令を通じて——」『家族法の諸問題——穂積先生追悼論文集』、洞富雄『庶民家族の歴史像』）。

すでに民法編纂過程で、妻が夫の苗字を称することが主張されてきた。この法典審査会で梅謙次郎が発言した提案理由は、妻が夫の氏を称するのは、妻が夫の家に入るからであり、妻は婚姻によって

夫との協同生活に入ると同時に、夫の家の戸主権に服することとなるというのである。実父長権の確立がねらいであった。こうして三十一年の民法・戸籍法で、妻はとついだ家の姓を名乗ることになった。生家・実家に埋没していた妻が独立の法人格を獲得したことはたしかに一つの進歩を示すものであった。しかしその代り行為能力の制限が明らかにされてきた。いままで生家の支配に属していた妻はこんどは夫の家の姓を名乗ると同時に、夫の支配に服することとなったのである。(7)

昭和二十二年、新民法の発布によって、夫妻の姓氏はどちらを称してもよいが別々であってはならないということになった。男女の同権は苗字の上にも現われたのである。しかし実際には男女の経済的な不平等が存するかぎり、妻の多くが夫の氏を称することは容易に考えられる。(8)ただし戸籍の上では夫婦同氏の原則を守っても、通称はその必要に応じて、夫婦各別である例が多くなっている。

〔補註〕

（1）氏名不変の原則は明治五年太政官布告による。また、一人一名主籍は明治五年太政官布告四九による。

（2）主家の姓氏を称したり、縁故をたどって適当な姓氏を称したりしたが、役場が適宜に扱った場合があって、同一地域全部が同姓になったりした。

（3）秋田では能登屋、加賀屋、越後屋などが能登谷、加賀谷、越後谷に改姓している。

（4）　山口県と秋田県では、そのまま屋までつけて苗字にしている。

（5）　周防の岩国城下町でも、石見屋・福島屋と国名を屋号とするもの、八百屋・豆腐屋等商品名を屋号とするものがあり、それが維新後そのまま苗字として公称された。ただ八百屋を八百谷とするといった字句の修正はある。

（6）　明治二十年四月九日には教部省布達をもって僧侶の苗字に関して、「苗字之儀ハ各原由モ可有之処、諸宗僧侶之内、（中略）浮屠等ヲ以苗字ニ相用候者有之、不都合ニ候条、右等之令早々改称可為致候事」と発令されたのが十四日の布達によって取り消された。

（7）　江戸時代の町人は大阪などでは○○屋後家などと称して固有名詞を名乗る。民法典編纂第一草案では夫が妻の氏を称する特例婚姻を認めたのに対し、地方裁判所や地方長官から反対意見がよせられ、妻の無能力と女戸主の両観念が各種の審議過程で対立した。結局明治二十三年の新民法にみられるように妻の無能力を規定しながら、女戸主による「家」の継承もはかられた。さらに、法典論争を通じて「家制度」の整備化がはかられ、世界でも特異な婚姻氏の制度を形成した。

（8）　しかし、最近また民法第七六七条の改正案が国会に提出される運びとなった。この案が通れば、離婚により元の姓に戻るか、戻らないかは本人の選択にまかされることになった。

結　苗字研究の意義

家族制度と苗字

アメリカの大学に招かれてしばらくかの地の生活をしているうち、はじめて気がついたのは――うかつな話であるが――、人を呼ぶときに、その姓を呼ばずに、名前だけをズバリと呼ぶことであった。もちろんフルネーム（Full name）といえばPersonal name, Christian name, Family nameの三つであるが、第三の家の名は日常の生活ではほとんど呼ばれない。若い人々の間ではJohn, Charlesというふうに個人の名を呼ぶだけである。それは各人の行動が家を背景とせず、個人を本位としてきめられているからである。

このような傾向は、都市生活の進展が生み出した「核家族」化の一つともいえよう。核家族とは、夫婦の結合を中心として未婚の子女を含む一代家族のことで、婚姻の自由、妻の無能力制の廃止、父権の弱化、親子の平等、均分相続などの自由主義的・個人主義的な諸原理によって支えられている。それは古い伝統と因襲に拘束された「家」制度に対するもので、それからの解放を前提とする。こうした点は、近代になり都市生活が進めば進むほど明瞭になり、とりわけ欧米の家族生活にはこの傾向がいちじるしい。もっとも欧米とはいっても、概してアングロ・サクソン系諸国では、核的家族が親族全体から比較的明確に分離されているのに対し、現在のフランスの農村社会では、親族組織が強固に存続し、核的家族と親族との分離が明確でないといわれている。

わが国でも、憲法第二十四条の宣言に従い、男女両性の本質的平等の理想の実現を期して旧民法の戸主・家族その他の家に関する規定が削除された。新民法の制定によって、相続も長男中心から兄弟平等の分割制となった。妻は結婚しても夫の姓を名乗ることを必要としなくなったのである。これも近代社会の発展に伴う核家族化現象の一つといえよう。昭和四十五年の調査では、日本の家族の六十三パーセントが核家族であるという。

しかしこの新民法は、家を廃し、氏名を個人名であるとしながらも、現実には本家・分家の観念を一掃することができず、氏の制度を相当強く押し出している。新民法が祖先の祭具・系図・墳墓の相続の規定を設けているのは、その現われであろう。氏を存続させ、氏を同じくするものに祭祀を継承させたいという国民感情は、これを一挙に絶やすことはできなかったのである。国民感情の根底には家を中心としてつくりあげられた日本の社会特有の慣習が残存する。この点、日本の家族制度は欧米のなかでも、フランスの農村社会における家族構成に似ている。

日本の社会では、戦前まで家系の継承を中心として、親子の縁に結ばれた直系家族の傾向が強かった。直系家族はこれを拡大家族ともいわれる。戦後は都市において核家族化の傾向が強くなっているが、なお旧家の多くは直系家族を本位とし、核家族においても、親または嫁の里から独立せず、伝統的な「家」の観念をある程度保持している。わが家の歴史につき、苗字の由来をたずね、系図を通してこれを明らかにしようとする風潮が、世情の安定に伴っていちじるしくなっているのも、復古的気運の一つとして片付けられないものをもっている、核家族化のなかにあって、なお伝統的な「家」の意識の生き続けているところにも、日本社会の特質を見出すことができよう。

世界各国の家名

日本の苗字（もしくは名字）は、特定の家の名称であり、法律的には、「氏」と称され、「姓氏」と連ねて呼ばれることも多い。この苗字ないし家名に類するものは、世界各国にほぼ共通に存在しているが、詳しく見ると、それぞれの国情を反映して種々の相違を見せている。それを比較考究することによって、日本の苗字の付け方の特色を知ることもできるし、またそれを通して日本の社会の特質を明らかにすることもできる。

まず中国では、姓は古くからあり、氏《うじ》や族《やから》とは異なったものであった。姓の起源は定かでないが、氏は官名・職名や居住地名あるいは父祖の字《あざな》から生れ、戦国時代から漢代にかけて姓と混合し、以後は亡命あるいは異民族との同化など特殊の場合のほかは新しく生れなかった。わが国では、カバネに対してあてる字がないので、姓・戸・骨などの文字を用いたが、「ショウ」と音読する場合には氏と区別せずに用いた。それにしても、日本ではこの姓氏がのちにおこった名字と混同して十万と推定されるほど増加したのに対し、中国の姓はその数が少なく、三百余と推定される。このため血族関係を識別するには居住地や父祖の出身地などを冠した。朝鮮も同様、姓氏の種類は少なく、五百と推定される。

これは中国や朝鮮のような血縁的な関係をもとにする「姓」の制度がくずれて、各地の地名に基づく「名字」の発生があったためで、日本では、伝統的な「氏姓」をもとにする「名字」の数は意外に少ない。

さらに欧米について見ると、欧米の「氏」ないし「家名」の成立は、日本の「名字」ないし「家名」あるいは「氏」の成立と似たところがある。英語では、家名をSurnameという。ローマ時代の人名には、成人してから名乗るプレノーメン、氏族を表わすノーメン、あだなであったのが家名として用いられるようになったコグノーメンの三種が用いられていた。シーザーについて、Gaius, Julius, Caesarと三種の名のあるのが、それである。これはわが国の徳川・源・家康という人名の挙げ方と似ている。源はローマの氏族の名にあたる。ローマでは女子はプレノーメンを生涯公表しなかった。(1)

ヨーロッパでは、イギリスにおいて、ノルマン人の征服（一〇六六）前は、身体的特徴を表わすあだな（ニックネーム）だけが用いられてきたが、このあだなおよび地名・職業・父祖の名などが由来となって、姓（ファミリー・ネーム）が生れた。その数は一万余、日本の「名字」の発生に似ている。しかし教会では、クリスチャン・ネームが重要視され、とくに王室の成員はクリスチャン・ネームだけが記録されている。(2) 日本ではこのクリスチャン・ネームにあたるものはない。やがてこのクリスチャン・ネームのほかに、中間名をならべて、二つの名を用いる風習が、ドイツからはじまり、各国にひろがった。キリスト教からの独立であろう。これは家柄を誇ったり、出身地や母方の姓を示すとともに、同一名による混乱を避けるためであった。しかし三つの名称を併記する煩わしさを避けて、中間名を頭文字だけにするアメリカ的習慣が生じた（以上小学館版『大日本百科辞典』「姓名」、依田精一「氏名おぼえがき」『九州法学』五など参照）。

いずれにしても、ヨーロッパ諸国において、家名がはっきりと使用されるようになったのは、封建制の形成期であると思われる。十三世紀ごろから、騎士の身分が定着し、その身分への加入に系図の証明が前提条件となったというのも（ミッタイス『ドイツ法制史概説』）、由緒ある系図と家名がその騎士の身分にとって必要となってきたためであろう。ヨーロッパでは、個人名や異名に付加されて併称される世襲的な氏（Patronymic）が十一世紀の中葉から私証書に現われ、その末期には一般的慣行として定着した。この氏はまたかかる親族集団の凝集性を表示すると同時に、親族集団を強化する機能をもっていた(3)（有地亨『家族制度研究序説』）。

しかし各国別に見ると、「家名」の世襲にも多少の相違が認められる。たとえばロシアでは、家名のほかに父祖系の名、すなわち父のファースト・ネームに「——の息」を意味する語尾「ヴィッチ」をつけたものを称え、個人名・父称・家名の順に呼んだ。レフ・ニコラエヴィッチ・トルストイは、トルストイ家のニコライの子レフという意味であり、女子の場合、父の名の語尾に「ヴナ」をつける。アンナ・ペトロヴナは、ピョートルの娘アンナということになる。同姓同名がことに多いため、父親の名を姓名につけて呼んだとも思われるが、そこにも父祖の家を尊重する慣習が現われている。北欧にもこれに似た称があり、アンデルセンの「セン」は、息子の意味で、アンデルの子であることを示す名である。なお西洋では、名を先にし、姓をつづけて称するのが普通であるが、ハンガリーだけは、日本・中国と同じように姓につづけて名を称した。

「家名」ないし「苗字」と関連して問題となるのは、夫婦が封建時代同じ姓を名乗らなかったことである。中国では、「同姓不娶《めとらず》」という婚姻禁止の規定があり、夫婦は異姓を称する。蔣介石夫人を宋美齢という類である。わが国では、同姓不娶の規定がない。けれども中国文化の影響や惣領制的な同族関係のためか、女子は生家の氏を婚後も称することが維新までおこなわれた。公家社会では、夫人は藤氏、あるいは平氏などと称し、武家社会では徳川氏・毛利氏などとそれぞれ里方の氏を称えたのは、その例である。

ドイツでは、女子は嫁して夫の氏を称えると同時に、生家の氏を称した。Frau A. X. geb. Gräfin v. Y. というように、Aは妻の個人名、Xは夫の姓、生家Y伯爵という記載法である。ドイツでは一人娘が結婚して夫の姓を称するようになると、その生家の氏名を嗣ぐべき人がないから、その女一代限りで家名断絶となるわけであるが、日本では婿養嗣子の制度があり、女戸主への入夫と同様に、夫に妻の氏名を名乗らせることができた。これは西洋にない事例である。家の存続を図ろうとする日本独特の制であるといってよい（新見吉治『壬申戸籍成立に関する研究』）。

これと関連するのが養子の制である。ヨーロッパの封建制度では等族婚の制度が厳重で、封建的な階級意識が強かったためか、養子の制が発達しなかった。日本では養女の擬制によって低い身分の女が高い身分の正妻となることができ、庶出の男子が家督相続人となった。このため貴賤階級の交流が西洋のようには阻止されず、また家名の断絶が防がれた。家紋にしても、西洋では貴族だけがこれをもっていたが、日本では民衆も到るところでこれを用いた。これは日本の苗字が、江戸時代、制限は受けていたものの庶民の間にかなり普及していたのと同じ現象と思われる。

苗字研究の歴史

苗字の歴史を研究する際には、その源流をなす古代氏姓制度の研究が必要であるが、その際何よりも参考になるのは、『新撰姓氏録《しんせんしょうじろく》』である。すでに奈良時代の中頃、淳仁天皇の天平宝字五年（七六一）に撰氏族所を置いて氏族志の編纂に着手した模様であるが、桓武天皇のとき延暦十八年（七九九）諸氏をして本系帳を提出せしめて、変化しつつある氏族の実態を把握し、整理し、再確認しようとした。嵯峨天皇の弘仁五年（八一四）『新撰姓氏録』が完成した。唐の姓氏録にならって、京および五畿内に存在するめぼしい氏族千百八十二氏について、皇別・神別・諸蕃と、氏族を序列づけ、これを当時の勢力の順にならべてある。桓武天皇の現実に即応した政策の一環と考えられる。氏族の消長はこの姓氏録の研究によってある程度知ることができる。

しかしこの氏もその後しだいに整理され、小氏は有力諸氏に統一されていったが、その反面、氏が地理的に分裂し、開発地を根拠として名字が発生した。新名字続出の勢は南北朝の後半期に至ってしだいにゆるくなったが、この時期、洞院公定《とういんきんさだ》が『尊卑分脈』を著わして、源・平・藤・橘等の主要な諸氏の系図を集大成した。諸氏系図のなかではもっとも信頼するに足りるものであり、われわれの研究もこれに負うところが少なくない。しかしこの系図も、今日の研究から見るとまだまだ不十分な点が多く、この点常に用心してかからねばならぬ。

江戸時代になると、幕府の命によって寛永年間（一六二四―四四）に『寛永諸家系図伝』が出来、寛政年間（一七八九―一八〇一）に『寛政重修《ちょうしゅう》諸家譜』が編纂された。後者は大名以下将軍直属家臣の系譜で、千七百九十九家譜その他の材料をもとにしてつくられたものである。

以上の三つは苗字研究の上でなくてはならぬものであるが、維新後は、神宮司庁編集の『古事類苑』の中に「姓名部」があり、『系図綜覧』なども別に編修されている。いずれも貴重な史料ではあるが、ただ諸家の系譜をそのままに収載した観があり、偽系図も相当にまじっている。ことに系図もはじめのほうはどの家でもわからないのが普通であり、江戸の大名などその出自を他の名家にかりることが多い。

そうした系図の真偽をたしかめ、系図のもつ意味を探ろうとすることは、近代の考証学の発達にまたねばならない。その第一人者が太田亮氏である。太田亮氏は古代の社会組織の研究から始められ、ついに『姓氏家系大辞典』（角川書店）をまとめられた。吉田東伍博士の『大日本地名辞書』（冨山房）とともに不朽の大作とされている。この辞書を簡単にしたのが、『姓氏家系大辞書』（新人物往来社）である。太田氏には家系や紋章・苗字の調査方法を述べた『家系系図入門』『姓氏と家系』（創元社）、『家系図の合理的研究法』など数多くの労作があり、恩恵を蒙らぬものはない。柳田国男氏の「家名小考」（『家閑談』所収）は、苗字研究に多くの示唆をあたえてくれる。沼田頼輔氏も大著『日本紋章学』に苗字と紋章の関係を述べておられる。また苗字に地名をもととするものの多い点から、地名の研究は絶対に必要である。これには柳田国男『地名の研究』、山口弥一郎『開拓と地名』があり、地方ごとによい本も出ている（たとえば菊地勝之助『宮城県地名考』（宝文堂）など）(4)。古代の氏姓を中心とするものには、なお阿部武彦氏の『氏姓』（至文堂日本歴史新書）がある。最近各方面にいわゆる苗字博士の出現を見ている。渡辺三男氏の『日本の苗字』は、現在活動しておられる著名人の姓氏を入れて興味深く叙述され、丹羽基二氏の『姓氏』（秋田書店）は著名な苗字について逐一解説をおこない、佐久間英氏の『お名前風土記』（読売新聞社）は、苗字の地理的分布を明らかにしており、ことにその統計的研究には頭の下る思いがする。これらの方々によって、苗字の分布やその由来、とくに統計的な研究の進んだことも特筆すべきことであろう(5)。

これをはじめとして、個々の家の歴史を探究することがさかんにおこなわれ、それがかなり本格的になっている。歴史関係の雑誌でも、系譜の研究は読者の関心をひくと見え、常にこのテーマがとりあげられている。しかし今日伝えられている苗字の由来や系譜には、かなり作為がまじっていて、よほど注意して取り扱わなければならぬ。江戸時代のはじめ成り上った大名の中には、自己の系譜を著名なものに結びつけることによって、その家格をあげようとするものが少なくなかった。

本書の意図

本書は、いわゆる苗字博士の追究されるような、統計的研究ではない。また個々の苗字の由来や地域的に各種の苗字を網羅しようとするものでもない。まして珍名奇名を探し出して、種々の調査に役立たせようとするものでもない。私としては、現在の苗字についての種々の問題は、それぞれの専門家にまかせることにし、ここでは、この苗字が古代の氏に代ってなぜいっぱんにひろがったのか、日本の身分制社会の形成にそれがどのような意義をもっていたかを追究していくことをおもなねらいとした。逆に苗字研究の深化によって、これまで知られなかった種々の問題が明らかになってきたので、それらを叙述して、お教えを受けたいと思っている。

実はこの二十年来、私としては、武士団と村落の研究をテーマの一つとして研究を進め、吉川弘文館から、日本歴史叢書の一つとして、同名の本を出版したのであるが、この問題を研究しているうち、関東の武士団が、あたかもヨーロッパの民族移動にも似た様相をもって、西に東に新天地を求めて移住していった事情を知り、さらに各地について一族が開発の地を名字地としていった事情を確かめようとした。しかし文献には限りがある。このため各地に残る鎌倉武士の名字を蒐集し、整理し、そこから武士の移住と拡大の実態を調べ出そうとした。

しかし地方に移住した有力武士の数は、古くからその地に土着するものにくらべれば、きわめて少数である。一般に知られた名字は二、三百くらいで、他は他方ごとにかたまった勢力をなすことが多い。その点、地方土着の武士の状態と苗字の分布についても研究を進め、東北地方などについて、そのだいたいの傾向を調べることにした。この場合、とりわけ注意せねばならぬのは、江戸時代の中期以後、地方の考証学者が旧家に頼まれて系図づくりをやることの多いことである。宮城県から岩手県の南部にかけて、葛西氏旧臣と称する大肝煎《おおきもいり》や肝煎（庄屋・名主《なぬし》）が多く残っているが、その系図はよほどよく調べないと、そうした学者がよその系図を借りてきてつくったものを本物とまちがう恐れがある。これらの真偽を見わける能力は、やはり多くの系図類の比較考究から生れるように思う。

なお苗字の地方別研究をおこなう際、市町村の役所に行き、その戸籍類を見せてもらうとよいが、このほか意外に役に立ったのが、紳士録や電話帳である。古い電話帳と古い地図、それに土地台帳の類が旧家をたずねるのに役に立つ。苗字の種類を統計的に扱うことは、絶対に必要ではあるが、一部落に同姓の多い理由の一つとして、明治の初年にそろって同一家名をつけたという事情もあり、同姓が人口の増加につれてむやみと数を増し、維新前の状態をわからなくすることが少なくない。したがってそれだけにたよることはできない。地方の篤学者や中学・高校の社会科の諸君の協力を得て、電話帳などで類推し得た結果を、その旧家について具体的に検討することがたいせつである。町村の社寺、ことに神社の神職などには、古い由緒と苗字を伝える家が多いので、それをねらいうちにすると、案外に効果があがる。

柳田国男氏は、信州の特定地方について、苗字の分布の調査を指導されたことがあったが、地方武士の成長・発展のあとを探ることによって苗字の分布を明らかにすることを、苗字研究を志す方々にすすめたい。苗字の分布・拡大にはわからないことが山ほどある。なぜ高橋姓や佐藤姓があれだけ東北地方にひろがり、山本・吉田姓が西日本に多いのか、肥後の菊池姓が地方に行くと菊地姓になったのはどうしてか、等々。苗字の歴史の研究はまだこれからである。共同の研究をお願いしたい。

苗字研究の問題点

一、苗（名）字の発生について。太田亮氏は、『姓氏と家系』において、「この名字を、名田と関係がある様に従来説かれて来たが、名田は多く其れを開墾した人の実名を田の名としたのである故、直接、名字と関係があるものではないと考へる」といわれる。私はこれに反対である。名田の開墾のすべてが名字の発生に連なるとは思わないが、本領の開発は名字地の形成を意味する。それはまた惣領制の形成とも関係をもつものであり、名字は、氏を小さくしたものだといった素朴な考えを改め、社会構成の理解からその実態を探る必要がある。この点にいささか力を入れたつもりである。

二、家紋と名字の発生とはほぼ時代を同じくし、平安末期にその起源をもっている。

三、苗字の伝播について。従来東国武士の移住の役割をあまり大きく考えなかったが、本書ではこれに力を入れ、できるだけ詳しく問題とした。その際、これにもいくつかの波のあることを指摘した。鎌倉幕府の創業に参加した武士に対し、各地で知行があたえられたが、はじめはその武士も現地に下向することなく、代官を派遣する程度であった。それが現地の経営とその防備に専念するようになったのは、蒙古襲来以後、社会の不安が激化して以後のことである。苗字の定着も現地に定住した程度によることはもちろんである。

北条氏の勢力増大と得宗被官の地方移住とは武士の移住の一つとして考えられるが、工藤・諏訪・安東などの諸氏の発展については従来ほとんど問題にされなかった。足利氏とその一族の発展についても同様である。細川・一色・吉良など、みな三河の地名から出た豪族であるのもおもしろい。しかし有力な武士の移住だけをねらっていては、その実態を見誤る恐れがある。地方の武士が民俗的な信仰や漁業その他の生産技術の伝播を通して拡大していくことや、有力者への依存関係を原因として名字を変えていくこともある。これらについても注意したつもりである。

四、中世の身分については、賤民や下人のことが問題となっているが、侍と凡下（庶民）との身分的な差などについて、これまであまり論ぜられていない。侍の身分はどのようにして形成されたか、侍と凡下との相違はどこにあるか、こうした問題を考える際に、名字の有無が大きく影響することがわかった。源平藤橘などの氏名は朝廷から賜わったものである。これに対し、名字はかってに名乗ったものだといわれているが、その名字もはじめは特別の許可を必要としたように思われる。この点まだ不明のところはあるが、頼朝が地方の武士を御家人に登用するときに、交名《きようみよう》を注進させたことがあり、武士の名乗りは武士の身分を確定する上において、かなり重要な意味をもっていたこと知られる。室町時代になると、庶民の進出がいちじるしく、名字をかってに名乗るため、武士はこれをおさえ、名字の分出を制限しはじめた。名字の世襲は家督の相続にあたってまことに重要な条件となってきた。『熊野那智《なち》大社文書』収載の応永二年（一三九五）の「米良文書」を見ると、御師たちの道者売券や譲状に、たとえば、「武州国江戸一円、同太田名字其外地下一族、何も我ら持分」(6)等々とあり、名字を同じくするものの連帯性と重要性がうかがわれる。この間の事情を史料を入れながら叙述した。

五、江戸時代の庶民ははたして苗字をもたなかったか。これについて、戦後まもなく洞富雄氏が問題を提起し、相ついで各方面にこれに関する研究がひろがった。結局、百姓は苗字を公称はできなかったが、村の寄合などにおいてはこれを名乗ることが多かった。また、村落支配者層がいっぱん農民に苗字を賦与する権限をもっていたことが明らかになった。

六、明治初年庶民に苗字の公称が許されるようになった一つの理由は、明治政府の財政ないし軍事政策にあったと思われる。明治政府がしばらく妻に夫の姓を名乗らせなかった理由も、民法制定の事情と関連して考えるべき問題である。

苗字の歴史については、このようにいろいろな問題が明らかとなってきたが、なお今後に残された課題も少なくない。

一、古代の氏や部の遺制が名字化する過程
二、中央の貴族が地方に下って土着した際、地方豪族とどのように結んだかを具体的に明らかにし、伝説的な要素を分析していくこと
三、家紋の発生と名字の発達との綜合的研究
四、苗字分布の地域的研究を推進すること
五、戦国時代から江戸時代のはじめにかけ、下剋上的な気運の中でどのように偽系図がつくられたかを明らかにすること
六、妻が夫の家名を名乗らず、実家の名を名乗ったこととの理由等々
七、個々の苗字の溯及
八、最後に苗字の歴史を通して、日本の家の構造を歴史的に解明すること

〔補註〕
(1) ローマ・ギリシャいずれにせよ「氏」は貴族の栄誉特権の表示で、庶民は宗教上の氏族を持たないから、氏族名をもたなかった。ローマ社会が祭祀中心の氏族から家父長制大家族が生産の単位になる

につれ、この大家族の姓であるコグノーメンが重視された。

（2）キリスト教国では、クリスチャン・ネームは牧師によって選択されるのがふつうで、一般に古い国語からとられ、「聖書」にあらわれる人名やローマ的・中世的な人名などが用いられる。

（3）封建社会では、家産・領土にちなむ世襲名が領主・貴族でおこなわれ、一般庶民は父権的小家族名として、父祖の名を語尾変化させた名や地名、あだななどを称していた。都市の発展、父祖名の語尾変化が固定して、個人名に付加される名前が封建時代の家族の一体性を象徴し、且つ代々承継される慣習となった。

（4）鏡味完二『日本地名学』科学篇も参照のこと。

（5）『小学館大日本百科事典』（ジャポニカ）10、姓名（大藤時彦、佐藤農人）も参照のこと。

（6）また、「応永二　江戸許太田名字、彼ニ流名字、日本国一円ニ御知行　応永八　香川名字日本国一円、武蔵国松山本郷羽柴名字日本国一円」ともある。

『苗字の歴史』を読む

田代　脩

1

日本中世史研究の泰斗として知られる豊田武先生は、昭和四十八年（一九七三）三月に東北大学を定年退官されたあと、法政大学に転じられたが、同大学を定年で退職されるわずか二日前の同五十五年三月二十九日、心筋梗塞のために急逝された。享年七十歳であった。

その後まもなく、大学時代からの親友であり、また告別式では葬儀委員長を務められた児玉幸多先生を代表とする豊田武著作集刊行会が発足し、『豊田武著作集』（以下、『著作集』と略称）全八巻が吉川弘文館から刊行されることになった。そして小林清治氏を委員長に編集委員会が組織され、東北大学や日本大学で豊田先生の教えを受けた門下生たちが手分けして各巻の編集実務にあたることになり、私もその一員に加えていただいた。

こうして昭和五十七年三月から翌年十二月にかけて、全八巻の『著作集』が順次発刊された。本書『苗字の歴史』は、昭和四十六年に「中公新書」の一冊として中央公論社から刊行されたものであるが、『著作集』では第六巻「中世の武士団」のなかに収録された。

豊田先生は、著書や論文などを発表されたあとも、それに関連する研究や関係史料などについて絶えず目配りを怠らず、気づいたことや追加史料などを手許の著書や論文抜刷の余白に細々と書き込まれていた。『著作集』では、それらの書き込みは「補註」の形で全面的に活かすことを編集の基本方針としたが、『苗字の歴史』の場合もまったく同様で、書斎に残された本書には、先生独特の特徴ある筆跡でさまざまなメモが丹念に書き込まれていた。そこで今回の本書の復刊にあたっては、そうした書き込みが「補註」として収められている『著作集』所収の『苗字の歴史』を底本としている。これらの克明な書き込みをみれば、豊田先生の真摯で旺盛な研究姿勢や意欲、また几帳面な性格の一端などをうかがうことができるであろう。

2

豊田先生のもっとも代表的な著作は、不朽の名著として定評のある『増訂 中世日本商業史の研究』

（『著作集』第二巻）であろうが、それとかかわる座や手工業、交通と流通、都市などのほか、宗教制度、村落と祭祀組織、土一揆、惣領制と武士団、封建制など、中世社会全般にわたるテーマや問題についても数多くの著書や論文などを発表されている。それらは先生の幅広い問題関心や学問的視野の広さを示しているが、そうした諸論稿は、ほぼすべて『著作集』全八巻のなかに収録されている。

豊田先生の卒業論文のテーマは「室町時代の商業」であり、これがやがて中世日本商業史研究の第一人者となられる先生の研究の出発点であった。同時にまた、先生は中世の村落やその祭祀組織である宮座についてもはやくから関心を抱かれ、すでに戦前からそれらに関する論文をいくつも発表されていた。そして戦後になると、そうした問題関心はさらに発展し、土一揆や村落構造などに関する諸論稿をつぎつぎに発表されている。「土一揆の基礎構造」や「初期封建制下の農村」（いずれも『著作集』第七巻）はその代表的な論文であるが、とくに後者では、「名」や「在家」が本名と脇名、本在家と脇在家といった二重構造になっていることに注目され、それが在地領主である武士の族的結合のあり方、すなわち惣領制における惣領と庶子の関係に類似していることを指摘されたのである。これが豊田先生の惣領制論のいわば端緒になったと考えられる。

このような武士と村落にかかわる問題関心や研究は、やがてそれ以後の諸論稿で展開された所論を整理・発展させた『武士団と村落』（『著作集』第六巻）へと結実していったのである。さらにこのような問題関心は、たとえば「東北地方における北条氏の所領」（『著作集』第八巻）にみられるように、北条得宗家の勢力拡大にともなう得宗被官の移住・進出といったことにつながり、その結果、武士たちの名字が各地に広まり、伝播していったという問題に結びついていったのである。こうして豊田先生の研究のひとつの方向が、苗字（名字）の研究へと展開していったと考えられる。

きわめて雑駁な整理ではあるが、『苗字の歴史』が成立するまでの研究の軌跡や背景は、おおよそ以上のようなことになるであろう。豊田先生自身、「『苗字の歴史』は、拙著『武士団と村落』の副産物である」（中公新書『苗字の歴史』の「はじめに」）といわれているが、本書は先生の長年にわたる村落や武士に関する豊富な研究成果の延長線上に位置づけられるものである。

3

現在では「苗字」と書くのが普通なので、本書の書名は『苗字の歴史』となっているが、武士（在地領主）の場合、開発地や居住地の地名を名字として名乗り、そうした「名字の地」を一族団結の根拠としたので、かつては「名字」と書くのが一般的であった。本書のなかでも「苗字」と「名字」の使用が混在しているが、おおまかにいえば、中世の武士にかかわる部分は「名字」が用いられているようである。しかし、それらをいちいち区別するのは煩雑なので、ここではとりあえず「苗字」に統一しておきたい。

現在、私たちはだれでも苗字を名乗り、社会生活ではそれを個人や家族、あるいは一族などを識別する指標としている。したがって、自分の苗字にはどのような意味や由来があり、どこにどのように分布しているのかといった問題は、多くの人びとが等しく抱いている共通の、また素朴な疑問であり興味であろうと思われる。また同じ苗字を名乗るというだけの理由で、それまでまったくかかわりがなかった人びとがお互いに親近感を抱き、各地から参集して一堂に会するといったことも、よく聞く話である。たとえば、全国でもっとも多い苗字として本書のなかでも注目されている「鈴木」という苗字は、紀伊国藤白湊（和歌山県海南市）の藤白神社の鈴木家がその総本家とされているが、ここには現在でも「藤白鈴木会」なる組織がつくられているという。

このように、苗字に対する人びととの興味や関心は根強いものがあるが、本書のなかでは、「名字のいろいろ」という項でいろいろな苗字を具体的にあげて、その意味や由来、分布などが概観されている。ちなみに、私の「田代」という苗字については、「田」のつく苗字は水田耕作に由来し、「田代は多く山のすそ、入野の奥など水田の適地耕作可能の土地につけた。開けば水田になるべき地であった」と述べられている。私の祖父は栃木県那須郡の山麓の出身で、そのあたりには「田代」姓の家も多く、「田代」の地名も残されているので、私は右のような本書の説明に納得したものである。

本書は、「苗字の起り」からはじまり、古代の姓から現代の苗字の分布に至るまで、家紋のことも含め、苗字にかかわるさまざまな内容が盛り込まれた概説書である。しかし、一般読者を対象としたものとはいえ、それらは長年にわたって積み重ねられてきた武士団や村落に関する豊富な研究成果に裏打ちされたものである。たとえば、本書のなかでとりわけ力点が置かれているのは「武士の移住と名字の伝播」や「苗字の地理的分布」の項であり、鎌倉時代の東国武士団の東北および西国への移住・発展を手がかりとして、全国的な苗字の分布状況などが概観されている。そしてそこには、北条得宗家の勢力拡大とそれにともなう得宗被官の移住と苗字の伝播といった、前述したような問題関心が色濃く反映されているのである。

豊田先生は、多くの文献史料を渉猟されるばかりでなく、各地に残る伝説・伝承にも興味を示されていた。北条時頼の廻国伝説と得宗領とのかかわりに注目された「北条時頼の廻国伝説」(『著作集』第七巻) などはその一例になるが、そうしたことが得宗被官の移住と苗字の伝播といった問題に結びついていったのである。このような研究姿勢は、英雄伝説の成立とその伝播を探るなかからさまざまな歴史的事実を見出していこうとした『英雄と伝説』(『著作集』第七巻) にも共通するものがある。

ともあれ、豊富な研究成果に支えられて苗字をめぐるさまざまな問題をとりあげた本書が、苗字の意味や由来、その歴史的な背景などに興味や関心を寄せる一般読者のニーズに合致したことは確かであろう。私の手許には、「中公新書」の『苗字の歴史』が二冊あるが、奥付によれば、一冊は昭和四十六年九月二十五日発行の初版であり、もう一冊は平成六年 (一九九四) 七月十日発行の二十五版である。この二十三年間で多くの版を重ねてきたことになるわけで、そのことは、本書にはそれだけ多くの読者の支持や需要があったことを物語っている。いうならば隠れたベストセラーだったのである。

このたび、吉川弘文館から名著・好著を精選した「読みなおす日本史」シリーズの一冊として復刊されることになったが、豊田先生が亡くなられてからすでに三十数年の歳月が経過した現在でも、本書は依然として、苗字に興味をもち、その歴史を探ろうとする人びとの期待に応える豊富な内容を備えた名著ということになろう。

なお、この『苗字の歴史』の延長線上に昭和五十三年に刊行された『日本史小百科7　家系』（近藤出版社、のち東京堂出版）がある。これは苗字や系図などに関するさまざまな項目を、原則として見開き二ページに一項目ずつ配列し解説したものであるが、「小百科」という性格なので『著作集』には収録されていない。しかし同書の「はしがき」によれば、豊田先生はこれを『苗字の歴史』の増補改訂版的なものと考えておられたようである。

最後に余談であるが、私は昭和四十年ごろ、高野山で行われた研究会のあと、豊田先生のお供をして和歌山県海南市に所在する藤白神社に立ち寄り、ここが「鈴木」姓の総本家とされていると教えていただいたことがある。すでにそのころ、先生は『苗字の歴史』の構想を練っておられ、その準備の一環としての実地調査であったと思われる。それを考えると、私は図らずも『苗字の歴史』のなかの一場面に立ち会っていたようで、いささか感慨深いものがある。

（埼玉大学名誉教授）

本書の原本は、一九七一年に中央公論社より刊行されました。復刊にあたっては『豊田武著作集』第六巻（一九八二年）所収のものを底本といたしました。

著者略歴
一九一〇年　東京に生まれる
一九三二年　東京帝国大学文学部史学科卒業
東京女子高等師範学校教授、東北大学教授、法政大学教授を歴任
一九八〇年　没
〔主要著書〕
『豊田武著作集』全八巻（一九八二～八三年、吉川弘文館）

読みなおす日本史

苗字の歴史

二〇一二年（平成二十四）八月　一日　第一刷発行
二〇一三年（平成二十五）八月二十日　第二刷発行

著　者　豊《とよ》田《だ》武《たけし》
発行者　前田求恭
発行所　株式会社　吉川弘文館
郵便番号一一三―〇〇三三
東京都文京区本郷七丁目二番八号
電話〇三―三八一三―九一五一〈代表〉
振替口座〇〇一〇〇―五―二四四
http://www.yoshikawa-k.co.jp/
組版＝株式会社キャップス
印刷＝藤原印刷株式会社
製本＝ナショナル製本協同組合
装幀＝清水良洋・渡邉雄哉

ISBN978-4-642-06384-5

読みなおす日本史

刊行のことば

現代社会では、膨大な数の新刊図書が日々書店に並んでいます。昨今の電子書籍を含めますと、一人の読者が書名すら目にすることができないほどとなっています。ましてや、数年以前に刊行された本は書店の店頭に並ぶことも少なく、良書でありながらめぐり会うことのできない例は、日常的なことになっています。

人文書、とりわけ小社が専門とする歴史書におきましても、広く学界共通の財産として参照されるべきものとなっているにもかかわらず、その多くが現在では市場に出回らず入手、講読に時間と手間がかかるようになってしまっています。歴史の面白さを伝える図書を、読者の手元に届けることができないことは、歴史書出版の一翼を担う小社としても遺憾とするところです。

そこで、良書の発掘を通して、読者と図書をめぐる豊かな関係に寄与すべく、シリーズ「読みなおす日本史」を刊行いたします。本シリーズは、既刊の日本史関係書のなかから、研究の進展に今も寄与し続けているとともに、現在も広く読者に訴える力を有している良書を精選し順次定期的に刊行するものです。これらの知の文化遺産が、ゆるぎない視点からことの本質を説き続ける、確かな水先案内として迎えられることを切に願ってやみません。

二〇一二年四月

吉川弘文館